그들은 마음을 보고 있었었다

그들은 마음을 보고 있었다 · 미국에서 만난 불자들

세등 스님 산문집

문학동네

책머리에
우리는 어디로 가고 있는가

　내 나라의 흙 냄새가 맡고 싶었다. 계곡 물에 발 담그고 우리의 산수를 즐기며 한나절을 보내고 싶었다. 풋풋한 들꽃 향기 맡으며 노을 속의 시골길을 걸어보고 싶었다. 그 길 위에서 만나는 사람들에게 다정한 인사말이라도 건네보고 싶었다.
　그런데, 시골길을 달리다 산모퉁이를 돌아가면 차창 밖으로 다가서는 것은 아담한 산을 가로막는 고층아파트였다. 산골짜기를 차지하고 있는 것은 서양식 호텔이며 모텔이었다. 강과 호숫가에는 카페며 레스토랑들이 제각기 자기 모양을 뽐내고 서 있었다. 사람들은 넘쳐나는 물량 속에서 과소비로 생활하고 있었고, 산중 암자에서의 생활조차도 문명의 이기에 길들여져 있었다.
　물질적 풍요 속에서 감각의 문은 활짝 열려 있었다. 눈으로, 코로, 귀로, 혀로, 그리고 온몸으로 우리는 아름다운 것, 향기로운 것,

감미로운 것, 자극적인 것을 갈구하고, 마음은 그것들에 끌려가고 있었다. 탐욕(貪慾)과 애욕(愛慾)은 끝이 없어 보였다. 삶의 목적은 더 많은 것을 소유하고, 더 많이 감각적 쾌락을 향유하는 데 있는 것 같았다.

그런데 왜 사람들은 더 외로워하고 더 두려워하고 더 공허해하는 것일까. 그것은 아마도 물질이나 향락이 영원한 것이 아님을 이미 감지하고 있기 때문일 것이다.

우리의 삶은 그 자체가 자기완성을 위한 수행과정이라 할 수 있다. 우리는 삶의 길을 가는 동안 일어나는 온갖 만남과 경험을 통해 자신을 발견해간다. 그러나 자기개선의 의지 없이 자기완성을 기대할 수는 없을 것이다. 자신이 짓는 행위(因)에 대한 결과(果)는 어떠한 과학기술로도 조작할 수 없으며, 우리는 스스로 만들어가는 존재인 것이다.

여기에 소개된 사람은 소수에 지나지 않지만, 내가 만난 미국의 불자들은 한결같이 우리와 다름없는 고뇌를 안고 삶의 여울을 건너고 있었다. 그들은 자신이 안고 있는 고통의 원인이 무엇인지, 어떻게 그 고통에서 벗어날 수 있는지 진지하게 생각했다. 자기개혁을 위한 수행이 최선의 방법임을 알았을 때, 그들은 기꺼이 그 길을 따랐다.

우리보다 앞서 물질문명을 이룩한 그들이 부와 쾌락의 추구로는 결코 영원한 행복에 이를 수 없음을 깨닫고, 자기 본연의 모습으로 돌아가고자 하고 있음에 우리는 주의를 기울일 필요가 있을 것이다.

  우리는 지금 어디에 서 있는지 돌아볼 일이다. 욕망을 가득 싣고 이 욕망의 땅, 욕망의 시대를 통과하여 우리는 어디로 달려가고 있는가, 자신에게 조용히 물어볼 일이다.

2000년 세등

책머리에-우리는 어디로 가고 있는가 5

나의 길-프롤로그 11

어떤 길동무 45

나의 강아지 친구 공자와 참선 71

두 여인을 위한 득도식 83

정열의 비구니 로비니 고틴 103

수학도 에릭의 선 수행 127

윌로우의 오계 지키기 141

월남전 참전용사 그레그의 웃음 163

케이럽의 일요일 아침 선실 187

메어리의 결혼과 작은 영혼 211

게이의 천국 카스트로 가에서 만난 조지 브라운 231

인드라의 그물 251

나의 길 — 프롤로그

출가하면 만인의 어머니가 되는 거야, 알겠느냐?

출가

  고교 졸업을 수개월 앞둔 어느 겨울날, 친구와 나는 석남사로 오르는 길을 걷고 있었다. 산은 온통 눈으로 덮여 있었다. 산문을 지나 경내에 들어설 때까지 사람의 모습은 보이지 않았다. 마치 다른 세계로 건너가기 위한 중간시대를 통과하듯, 우리는 말없이 순백의 고요 속을 걸어갔다.
  친구는 졸업 후 출가를 염두에 두고 있었다. 그래서 내가 비구니 수행 도량인 석남사에 가 상의해보자고 제안했던 것이다.
  느닷없이 찾아온 두 여고생을 스님들은 따뜻하게 맞아주었다. 우리는 곧 40대로 보이는 단정한 용모의 스님 앞으로 안내되었다. 꿇어앉은 채 말문을 열지 못하는 친구를 대신해서 내가 말했다.

"제 친구가 스님이 되고 싶다고 해서요."
스님은 잠시 우리를 살피시더니, 내게 되묻는 것이었다.
"학생이 출가할 것이 아니고?"
"아니오, 제가 아니고 이 친구가······."
"아니야, 학생이 출가하면 좋겠는데, 학생이 출가하겠는데······."
스님은 말씀하시면서 계속해서 나를 주시했다. 조금 당황스러웠지만, 그다지 개의치는 않았다. 스님이 잘못 판단하신 거라고 생각했다. 그때 이렇게 나의 출가를 예언했던 분이 다름아닌 성철 스님의 딸 불필 스님이다.

그후 친구와 나는 다시 부산 시내에 있는 반야사라는 비구니 절을 찾아갔다. 우리는 엄격해 보이는 40대 중반의 어느 스님과 얘기를 나누었다.

잠시 후, 이번에도 스님은 내게 '혹 출가할 의향이 없느냐'고 물었다. 나는 생각해본 적이 없노라고 대답했다.

"그렇다면 장래 무엇이 되고 싶으냐."
나는 잠시 머뭇거렸다.
"낙도의 선생님이나 고아원의 보모나 간호사나······."
엉겁결에 한 말이었다.
"스님이 되면 그 모든 일을 다 할 수 있다."
스님은 내 표정을 살폈다.
"가족을 떠날 수는 없을 것 같아요."
"누구든 언젠가는 부모형제와도 헤어져야 한다."
스님의 말씀은 낮으나 분명했다.

"잘 생각해보고 결심이 서면 내게 오너라. 내가 너를 상좌로 삼겠다."

이분이 나중에 나의 은사 스님이 된 송벽 스님이다. (친구는 끝내 출가하지 못했다.) 스님은 20대 때 반야사에서 하숙을 하면서 인근의 초등학교 교사로 재직하다가 일엽 스님의 글을 읽고 출가한 분이었다.

고민 끝에 나는 당시 부산의 선암사에 주석하시던 석암 스님을 찾아갔다. 스님은 율사(律師:계율을 잘 알고 지키는 스님) 혹은 계사(戒師:수계식授戒式 때 계를 설하는 스님)로 알려진 분으로, 어머니가 가장 존경하던 비구 스님이었다. 스님은 어머니의 순수한 신심을 귀히 여기셨고, 덕분에 나는 스님의 사랑을 받았다. 내게는 도량이 큰 할아버지 같은 분이었다. 나는 스님을 뵙고 '어떤 비구니 스님이 내게 출가를 권하더라'고 말씀드렸다. 그런데 나를 놀라게 한 것은 마치 그 말을 기다렸다는 듯한 스님의 태도였다. 스님은 손짓으로 나를 불러 당신의 무릎 앞에 앉히시고는, "출가란 무엇인고 하니," 라며 출가의 의미에 대해 법문을 시작하시는 것이었다. 그리고는 "몇몇 아이들의 좋은 어머니가 되는 것도 훌륭한 일이지만, 출가하면 만인의 어머니가 되는 거야. 알겠느냐? 그 스님을 따라가거라!" 하고 다짐을 주셨다.

스님의 말씀을 들으면서 나는 어릴 적부터 안방에 걸려 있던 관세음보살의 이미지를 떠올렸다. 그리고 '아, 관세음보살님처럼 되는 거야'라고 생각하면서 출가의 결심을 굳혔다. 그후 스님은 언제든지 내가 가서 기댈 수 있는 커다란 나무 같은 존재로 계셨다. 나를 그렇게 보살펴주셨던 석암 스님은 1986년 76세로 입적하셨다.

그런데, 석암 스님을 뵙고 집에 돌아오자, 어머니가 조용히 나를 불러앉혔다. 그리고는 눈물을 흘리며 '너를 떠나보낼 수 없다'고 말하는 것이었다. 그날 법회에 참석하러 절에 갔던 어머니는 심상치 않은 분위기를 눈치 채고 스님과의 대화를 문 밖에서 엿들었던 것이다. 나는 '좀더 생각해보겠다'며 어머니를 일단 안심시켰다.

그후 나는 계속 생각에 빠져 하릴없이 시간을 보냈다. 머릿속에서는 그 무렵 읽었던 『데미안』의 "새는 알을 깨고 나온다. 알은 세계다. 태어나려는 자는 세계를 파괴해야만 한다……"는 구절이 끝없이 맴돌았다.

수주일이 지난 어느 날, 어머니는 다시 나를 불렀다. 그리고는 "결심이 확고하다면 가야지. 자식이 부처님의 제자가 되겠다고 하는데 그것을 말린다면, 불자의 도리가 아니지"라고 단호히 말했다. 그리고 어머니는 나의 출생에 관한 얘기를 해주었다.

1954년 내가 태어났을 때, 아버지는 김천 시청의 토목과에 근무하고 있었고, 어머니와의 사이에는 열세 살 난 아들이 하나 있을 뿐이었다. 첫아들을 낳은 후 내가 태어날 때까지 부모님은 세 아이를 잃어야만 했다. 한 아이는 사산이었고, 두 아이는 어려서 병사했다. 그래서 어머니는 늘 출산에 대한 두려움을 안고 있었는데 누군가의 권유로 절을 찾았다. 그것이 어머니가 불교와 인연을 맺게 된 동기였다.

어머니는 선산(善山) 원각사의 관음전에서 칠 일간 '참한 딸'을 갖고 싶다고 기도했다. 기도가 끝나고 집으로 돌아오던 날 밤 꿈에

한 비구니가 대문 안으로 걸어들어오는 것을 보고, 어머니는 맨발로 뛰어나가 그를 맞았다.

이렇게 태어난 나는 부모님의 각별한 사랑을 받았다. 그후 어머니는 딸 둘을 더 낳았는데, 내가 태어나고 서울로 이사할 때까지의 그 오 년간이 생에 가장 행복한 때였다고 말하곤 했다.

경북 선산의 한 농촌에서 아버지는 가난한 선비 집안의 셋째아들로, 어머니는 비교적 부농의 맏딸로 태어났다. 아버지는 친척을 따라 10대에 일본으로 건너가 고학으로 중학과정을 마쳤고, 20대 초반에는 만주를 떠돌며 통역 일을 하기도 했다. 어머니는 마을의 훈장 어른을 독선생으로 모시고 집에서 한글과 한문을 배웠는데, 내게는 증조부가 되는 그 훈장 어른의 주선으로 결혼에 이르렀다. 아버지는 결혼 후 처가 덕으로 전문학교에 다니며 토목기사 자격을 취득하여 김천 시청에 취직했다.

아버지는 친구와 건축설계사무소를 열기 위해 서울행을 단행했다. 그리고 십 년간 우리 가족은 서울의 변두리에 아버지가 지은 작은 집에서 그런 대로 화목하게 잘 살았다. 그러나 아버지의 사업은 실패로 끝났고, 내가 중학교 2학년 때, 우리 가족은 부산으로 삶의 터전을 옮겼다. (서울의 친척집에 맡겨졌던 나도 결국 부산으로 전학하여 부산의 고등학교로 진학했다.) 부산에서 아버지는 주로 신축 빌딩의 공사를 청부맡아 일했다.

어머니는 온유하고 이해심이 깊은 여자였다. 유난히 신심이 돈독하여 늘 스님들의 신뢰를 받았다. 어릴 적 나와 내 동생은 어머니로부터 밤마다 옛날이야기를 들었는데, 주로 경전에서 읽거나 스님의 법문에서 들은 불교설화들이었다. 초등학생인 우리 자매를 조계사의 어린이합창단에 데리고 다니기도 했다. 어머니는 불교의 가르침은 무엇이든 실천하려 애썼고, 특히 베풀기를 좋아했다. 서울의 우리집에는 걸인의 행렬이 끊이지 않았는데, 어머니가 밥상을 차려 그들이 마루 끝에 앉아 밥을 먹도록 했기 때문이었다.

나는 두드러진 재능이 보이지 않는 평범한 소녀로 성장했다. 내가 초등학생일 때 오빠는 이미 대학생이었는데, 나는 오빠의 방에 들어가 혼자 내용도 모르는 철학서며 문학서들을 뒤적이며 시간을 보내기를 좋아했다. 소녀 시절에는 음악 듣기와 일기 쓰기, 그리고 혼자 생각에 몰두하기를 좋아했다.

나의 성장과정에서 특기할 만한 것이 있다면, 늘 사람들 속에서 살았고, 대체로 주위 사람들로부터 많은 사랑을 받았다는 점일 것이다. 나는 집에서 가족의 구심점 역할을 했다. 어머니와는 친구가 되어 갖은 얘기를 나누었고, 아버지와 어머니 사이가 불편할 때에는 중간다리 역할을 했다. 두 여동생과는 함께 노래를 부르거나 곧잘 어울려 다니곤 했다. 학교에서도 나는 공부는 열심히 하지 않았지만, 반장이나 부반장 등을 맡아 늘 친구들과 어울리며 지냈다. 삼년간 부산불교학생회에 다녔는데, 여기서도 임원을 맡아 활동하면서 선후배 동급생 할 것 없이 많은 남녀친구들과 사귀었다.

나의 성격은 겉보기에는 순한 듯했지만, 실은 자기 주장이 분명했고, 집요했고, 옳지 않다고 생각되는 것과는 좀처럼 타협하지 못했다. 출가를 결심했을 때, 이런 내 성격이 두드러졌다. 집요한 생각 끝에 일단 마음을 정하자 내겐 더이상 걸리는 것이 없었다. 그것이 가족에게, 특히 아버지에게 얼마나 큰 충격을 안겨준 일이었는지 나는 알지 못했다. 어느 날 맏딸이 집에 돌아오지 않자 아버지는 불길한 예감으로 밤을 보냈다. 다음날 아침 내가 떠난 것을 안 아버지는 막내딸을 끌어안고 슬피 우셨다 한다. 어머니에게 나를 찾아오라고 종용했지만, 어머니는 듣지 않았다.

그해 겨울 고혈압이던 아버지는 과음으로 쓰러졌고, 삼 년 후 쉰아홉의 나이로 세상을 떠났다. 어머니는 아버지의 죽음이 내 책임이 아니라고 했지만, 나는 오랫동안 죄책감으로 괴로워했다.

아직도 나는 아버지와의 마지막 만남을 잊지 못한다. 그해 가을 석암 스님을 계사로 사미니계를 받고 아버지께 인사하러 갔을 때였다. 아버지는 잠시 '웬 스님이 집에 왔는가' 하는 얼굴로 나를 바라보았다. 곧 나를 알아보고는 무너지듯 방바닥에 주저앉더니 내 손을 부여잡고 하염없이 앉아 있었다. 그리고는 입을 열었다.

"네 생활에 만족하느냐?"

"네"라는 나의 대답에 머리를 끄덕이고는 잠시 침묵한 후 아버지는 조용히 말했다.

"너의 선택에 책임을 지도록 해라. 그러나 그 선택이 잘못된 것이라고 판단되면 언제든지 돌아오너라."

행자생활

고등학교를 졸업하던 해인 1972년 봄, 나는 송벽 스님을 따라 동화사 내원암으로 들어갔다. 스님은 선방에서 수행하기 위해서, 그리고 나는 후원에서 행자생활을 하기 위해서였다. 결제일(結制日 : 음력 4월 15일)이 되자 내원암에는 스무 명 가량의 대중이 모였다. 하안거(夏安居) 석 달 동안 나는 대중의 밥을 짓는 '공양주'를 맡게 되었다. 그리고 너무 일렀지만, 이 결제날에 나의 삭발이 허락되었다. 어린 행자의 머리를 깎고 승복으로 갈아입히고는, 스님들은 '두상이 잘생겼다' '묵은 중처럼 잘 어울린다'며 즐거워했다. 이런 분위기 속에서 나는 삭발에 대한 아무런 감상도 없이 예비 중 노릇을 시작했다.

주된 일과는 밥 짓는 것, 아침저녁 관음전에 올라가 기도하는 것, 염불을 배우는 것이었다. 가마솥에 불을 때서 밥을 짓는 일은 내게는 여간 힘든 것이 아니었다. 마른 나뭇가지를 꺾어서 커다란 아궁이에 채워넣는 일이 좀처럼 익숙해지지 않았다. 내 손은 여름 내내 상처투성이였다. 산길을 오르내리며 소리 높여 염불을 외우다 길을 잃기도 했고, 나무 꼭대기에 기어올라가 다래를 따먹다가 수풀 속으로 떨어지기도 했다. 그래도 나는 산중생활이 즐겁기만 했다.

그런데 나를 늘 긴장시킨 것은 선객 스님들의 생활이었다. 선방에 들어갈 수 없었던 행자로서는 큰방 안에서의 일들이 그저 궁금하기만 했다. 빳빳하게 풀을 먹인 모시나 삼베옷을 입고 정좌한 채 날을 보내는 스님들의 모습은 그 자체가 경이였다. 나는 어느 날 해맑은 얼굴을 가진 20대의 스님에게 물었다.

"스님은 번뇌가 하나도 없지요?"

스님은 웃음 띤 얼굴을 가로저었다.

"그렇지 않아요, 행자님. 망상의 바다에서 헤매고 있는걸요."

나는 그만 눈이 동그래졌다. 스님이 말했다.

"하지만, 때로는 호수처럼 맑은 순간이 있어요. 그러니, 언젠가는 번뇌의 물결이 잠잠해지겠지요."

강원생활과 도반(道伴) 스님들

이듬해 봄 나는 사미니 교육 도량인 운문사 강원(현재의 운문 승가대학)에 들어갔다. 강원에서는 경전 공부를 하면서 대중규칙생활을 통해 승가의 가풍을 익히도록 되어 있었다. 새벽 세시부터 밤 아홉시까지의 일과는 크게 하루 세 번의 예불 및 기도, 경전 공부, 그리고 울력 시간으로 나뉘어 있었다. 휴식 시간에는 자유로이 독서, 서예, 음악감상, 탁구, 배드민턴 같은 것을 할 수도 있었지만, 한문 경전을 읽는 것이 생활의 주가 되었다. 「초발심자경문(初發心自警文)」으로 시작하여 『화엄경』을 읽기까지, 네 단계의 교육과정을 마치는 데 사오 년이 걸렸다. 당시 운문사의 전체 대중은 120명 가량이었다. (현재는 250명이다.)

운문사는 호거산의 연봉들에 에워싸인 낮은 분지에 위치하고 있었고, 전각들은 아직 중창불사를 시작하기 전이어서 조촐하면서도 고풍스러웠다. 우리는 극락전, 오백나한전, 관음전, 지장전 등을 드나들며 예불을 올렸고, 새벽과 밤에는 금당의 석유램프 아래서 졸음을 쫓으며 소리 높여 경을 읽었다. 도량 안으로 흘러들어와 커다란 못을 만들고 있는 이목수 또한 뺄 수 없는 삶의 공간이었다. 물가에서 우리는 양치질도 하고 빨래도 하고 채소도 씻었다. 넓은 수면 가득 진달래 그림자를 안고 있는 봄이나, 온갖 낙엽들이 다 모여드는 가을의 이목수도 정겹지만, 여름에는 우리의 놀이터가 되어주어 좋았다. 낮 동안에는 물가에서 발 담그고 책을 읽거나 애기를 나누거나 물장난을 치도록 내버려두었고, 밤에는 목욕탕이나 수영장이 되어주었다. 어스름 달빛 아래서 우리는 밤의 악동으로 변해 산사의 밤을 마구 휘젓곤 했다.

 운문사는 많은 전답을 소유했으므로, 일용하는 양식은 거의 자급자족으로 해결했다. 그래서 한겨울을 제외하고는 늘 일이 많았다. 갖가지 채소의 씨를 뿌려서 그것들을 가꾸고 거두어들이는 일은 물론, 봄가을의 농번기 때는 경전 공부를 전폐하고 모심기며 벼베기에 매달려야 했다. 뿐만 아니라 꽃나무를 돌보고 풀을 뽑고 나무의 전지를 하는 등 도량을 가꾸는 일도 많은 노동을 요했다. 처음에는 그런 일들이 힘에 겨웠지만 점차 익숙해졌고, 울력 시간을 몹시 좋아하게 되었다. 내 생에 노동의 기쁨과 소중함을 가장 깊이 느낄 수 있었던 때였다. 큰 울력이 끝난 후의 휴일이면 우리는 그룹을 지어 산정에 오르기도 하고, 계곡에 모여 앉아 전을 부쳐 먹거나 수제비를 끓여먹기도 했다. 나는 노래도 부르곤 했는데, 한 도반은 운문사를 떠난 후에도 〈비목〉만 들으면 내 생각이 났다고 했다.

 운문사에서의 이 모든 생활들은 아름다운 추억으로 내 가슴에 남았다. 그리고 나중에 외국생활을 하는 동안 내내 싸한 그리움으로 눈앞에 펼쳐지곤 했다.

　나와 한 동아리가 되어 공부하던 도반스님들은 열일곱 명이었다. 처음에는 금당에서 다른 두 동아리와 함께 공부하고 생활했으나, 상급반이 되면서 다른 건물로 독립하여 나왔다. 나이와 출신과 학력과 출가동기가 제각기 다른 우리는 이 년간 함께 먹고 자고 공부하고 일하고 놀았다. 인간관계에서 빚어지는 갖가지 갈등과 크고 작은 문제들이 끊임없이 일어났다가는 사라지곤 했다. 그러는 동안 우리 사이에는 친자매 이상의 우애와 유대가 형성되었다. 그리고 그것은 운문사를 떠난 후에도 계속되었다.

　소규모의 강원인 화운사에서 일 년간 살다가 운문사로 되돌아간 적이 있다. 화운사와 운문사, 이 두 곳에서 만난 도반들은 나의 승려생활에서 뺄 수 없는 중요한 존재이다. 오랜 외국생활 동안, 그들은 내가 한국의 비구니임을 잊지 않게 해준 든든한 버팀목이기도 했다. 대부분 나보다 나이가 많았고, 일찍부터 주지를 맡은 사람들도 있었다.

　일본에서 유학하는 동안, 방학만 되면 귀국하여 이 도반들을 차례로 방문하곤 했다. 그들은 객지생활에 지친 내 심신이 충분히 쉴 수 있는 안식처였다. 또 나의 미국생활은 운문사에서 지급하는 장학금과 도반들의 송금으로 가능했는데, 몇몇 도반들은 적금을 부어 정기적으로 보내주기까지 했다. 나와 동갑인 한 도반은 암으로 세상을 뜨기 직전까지 내게 속옷이며 필요한 소품들을 만들어 보내주었다.

　1978년 가을 운문사를 떠날 때, 우리를 가르쳤던 명성 스님(지금의 운문승가대학 학장스님)은 내게 '대학에 진학하여 공부한 후 운문사에 돌아와 후배를 가르치라'는 말씀을 하셨다. 스님과 운문사의 은혜에 어떤 식으로든 보답하고 싶다고 생각하고 있었지만, 나는 우선 선방에 갈 계획을 세우고 있었다. 운문사를 졸업하면서 나와 열일곱의 도반들은 석암 스님을 계사로 비구니계를 받았다. 그리고 여러 선방으로 각기 흩어져 동안거에 참여했다.

동안거

그해 겨울 해인사 보현암에서는 스물다섯 명 가량의 비구니 선객 스님들이 모였는데, 나는 스물다섯 살로 대중의 막내였다.

당시 보현암에서는 혜춘 스님이 입승직(職)을 맡아 모인 선객들을 통솔, 지도하고 계셨다. 스님은 삼십대에 슬하에 사남매를 남겨둔 채 출가한 분이었다. 영광 군수를 지내던 남편이 납북되는 바람에 '이 세상에는 영원한 것이 없음'을 통절히 깨닫고, 친정 부모님께 자식의 양육을 부탁하고 입산했던 것이다. 그래서 스님의 수행 자세는 누구보다도 투철했고, 하루 네 시간 이상은 결코 몸을 누이는 일이 없었다. 보현암에 모인 대중은 모두 스님의 수행지침에 따라야 했기 때문에, 우리는 네 시간 수면에 하루 열네 시간 좌선했다. 그해 겨울 보현암에는 혜주, 청조, 적조 스님 등 당시 비구니 선객으로 이름난 스님들이 모여 있었다.

새벽 예불이 끝나면 백팔 배를 했고, 아침공양 시간 전에 요가를 했다. 그리고 모든 좌선 시간에는 오십 분간 앉고 나서 십 분간 포행(좌선 자세를 풀고 도량을 걷는 것)을 했다. 그런데 나 같은 신참에게는 장시간 앉아서 배기기가 여간 힘든 일이 아니었다. 이삼 주가 지나자 육체적인 고통을 이기지 못해 결국 병이 나고 말았다. 누구에게 말할 수도 없는 일이라, 큰방 탁자 밑(말석)에 앉아 고통을 참아낼 뿐이었다. 어느 날 새벽, 좌선이 막 시작되었을 때 누군가가 내 어깨를 두드렸다. 지대방(선객들의 휴게실)에 나를 불러낸 적조 스님이 마다하는 나를 이불 속으로 밀어넣었다. 그리고 그 한 시간의 단잠으로 내 몸살은 씻은 듯이 나았다.

몸이 선방생활에 적응하는가 했더니, 이번에는 온갖 망상이 다투어 일어났다. 나는 호흡을 세는 수행방법인 수식관(數息觀)을 하고 있었는데, 열 번 세는 것조차 어려울 만큼 갖가지 생각이 난무했다. 잡념과 싸우는 일도 힘들었지만, 하루 종일 거의 말을 하지 않고 지낸다는 것 또한 참기 어려운 일이었다. 점심공양 후 혼자 뒷산을 산책하곤 했는데, 언제부터인지 오솔길을 걸으며 노래를 부르기 시작했다. 여고 시절 합창단에서 부르던 가곡들을 몇 곡 부르고 나면 기분이 상쾌해져서 묵언(默言)의 고통도 이길 수 있었다.

그렇게 또 이삼 주가 지나가자, 때때로 나의 마음에도 '호수 같이 맑은 순간'이 나타나곤 했다. 나는 비로소 화두(話頭)라는 것을 챙겨 들었다. 선방에 가기 전에 석암 스님으로부터 화두에 대한 설명을 들었고, 나는 '無'자 화두를 하기로 했었다.

조주 선사에게 한 중이 찾아와 "개에게도 불성(佛性)이 있습니까?" 하고 물었다. 그의 대답은 "무(無)!"였다. 어느 날 다른 중이 찾아와서 같은 질문을 하자, 이번에는 "유(有)!"라고 대답했다. '무'라는 대답은 '모든 생명에게 부처의 성품이 있다'는 『열반경』의 사상에 어긋나는 것인데, 다른 날은 또 '유'라 했으니, 그의 대답은 '유무'에서 떠나 있는 것이 분명했다. 그렇다면 조주가 '무'라 대답했을 때, 그의 마음에는 무슨 생각이 떠올랐는가?

나는 우선 골똘히 이 화두의 의미를 생각했고, 그리고는 심호흡을 하면서 숨을 내쉴 때마다 속으로 '무……' 하고 뇌었다. 가끔 호흡과 화두가 잘 일치할 때도 있었지만, 망상에 빠져 호흡 따로 생각 따로가 되기 일쑤였다. 나는 사실 내가 제대로 좌선을 하고 있는 것인지, 화두 드는 방법이 올바른 것인지도 모르는 채, 정신을 화두에 집중하려고 노력했다.

그러던 중 납월 파일(음력 12월 8일:부처님 성도일成道日)의 용맹정진 기간이 다가왔다. 칠 일간 눕지 않고 정진에 힘쓰는 기간이었다. 앉아서 조는 것도 숙련가라야 할 수 있는 일이라 했다. 거의 졸지도 못하고 깨어 있자니 눈이 아프고 머리가 멍하여 사나흘 동안은 제정신이 아니었다. 그러나 그 고비를 넘기자 점차 정신이 맑아졌고, 화두를 지속하는 시간이 조금 길어지기도 했다.

납월 파일 새벽 세시가 가까워질 무렵이었다. 조는 사람을 깨우기 위해 죽비를 들고 큰방을 돌고 있던 스님이 몇 번이나 내 앞을 지나갔고 누군가가 죽비로 어깨를 맞는 소리도 들렸다. 그런 상황이 청명하게 의식되면서도 그곳에서 나 홀로 존재하는 듯, 내 마음은 수정처럼 맑았고 완전히 비어 있었다. 얼마나 지속되었는지 알 수 없었다. 그것을 일러 '무념무상'의 상태였다고 말할 수 있는지도 나는 모른다. 그러나 이 경험으로 나는 수행의 가치를 분명하게 깨달았다. 후에 학문을 하면서도 선(禪) 수행에 대한 향수와 동경을 버리지 못한 것도 바로 이 경험 때문이었다.

해제일(解制日 : 음력 1월 15일)이 가까워졌다. 대중은 떠날 준비로 부산했으나, 나는 '앞으로 어떻게 살 것인가'에 대한 생각으로 여념이 없었다. 한철 동안 나를 지켜본 어른 스님들은 꼭 선객이 되어야 한다고, 틀림없이 훌륭한 선객이 될 수 있을 것이라고 충고하고 격려했다. 어떤 스님은 아직 젊으니까 학교 공부를 하는 것도 나쁘지 않다고 말하기도 했다. 그때 나는 일반 사회와 유리되어 세상의 고통으로부터 등을 돌린 채 자신의 수행에만 힘쓰는 것이 과연 진정한 출가자의 도리일까 하는 생각을 하고 있었다. 혜춘 스님은 "선객이 되든 학자가 되든 수행하는 마음을 잃지 말도록 해" 하시며 내 등을 다독거리셨다. 외국에서 사는 동안 내가 매일 아침 백팔 배와 삼십 분의 좌선과 요가를 거르지 않으려 노력한 것도 혜춘 스님의 말씀 때문이다.

영화 〈비구니〉

1981년 동국대학교 불교학과로 진학했다. 대학 시절에도 역시 공부보다는 사람들과 어울리며 활동하는 것이 더 좋았다. 내게 대학은 불교학 일반에 대한 지식을 넓히고 사회를 더 잘 이해하기 위한 도구였다.

3학년 때 나는 동국대 재학 승려들의 모임인 석림회(釋林會)의 부회장과 재학 비구니들의 모임인 비구니회 회장을 맡게 되었다. 석림회는 오래된 모임이었고 비구 스님들이 주축이 되어 있는 데 비해, 비구니회는 친목 도모를 위한 조촐한 모임으로, 내가 4대 회장이었다. 그래서 나는 석림회보다 비구니회에 더 헌신적이었고, 비구니회의 활성화를 위해 노력했다. 불교의 현대화와 비구니의 사회참여에 관한 세미나를 열기도 하고, 양로원이나 고아원 방문과 같은 복지활동을 벌이기도 했다.

그런데, 4학년 봄학기 때 뜻밖의 사건이 발생했다. 어느 영화사가 〈비구니〉라는 제목의 영화를 제작하고 있다는 말과 함께 그 시나리오가 내 손에 들어온 것이다. 배우 김지미씨가 주연으로 예정되어 있다고 했다. 시나리오를 읽으면서 나는 놀라움을 금치 못했다. 성적인 경험이 풍부한 주인공 여자가 출가하여 비구니가 된 후에도 성적 편력을 계속하며 깨달음의 세계로 나아간다는 내용이었다. 당시의 나로서는 어떻게 사람들이 비구니를 그런 모습으로 그려내겠다는 것인지 이해할 수 없었다. 어떻게 처리해야 할지 고민하다가 나는 교수님들의 의견을 듣기로 했다.

여러 학과의 교수님들을 차례로 찾아가 그 시나리오를 보여드렸다. 내용을 대충 훑어본 교수님들은 한결같이 고개를 가로저으셨다. 연극영화과의 한 교수님은 "이런 것을 예술이라고 할 수는 없겠지요"라 하셨고, 교육학과의 김병옥 교수님은 "막아야겠습니다"라는 한마디를 던지셨다. 물론 불교학과 교수님들은 펄쩍 뛰며 노하셨다. 소재에 궁한 한국영화계가 미지의 존재인 비구니를 상품화하려 한다는 것이 내가 얻은 결론이었다.

　영화사측에 항의했지만, '그것은 예술이다'라는 말로 일축했다. 삼십여 명의 비구니회 회원들은 전국의 비구니 수행 도량을 돌면서 시나리오를 배포하고 문제를 제기했다. 비구니들의 분노는 들불처럼 번져갔다. 동급생이던 정목 스님과 나는 불교도로 알려진 문인이며 변호사며 언론인들을 찾아다니며 우리의 입장을 호소했다. 언론에서도 연일 찬반 양론의 공방전이 계속되었다. 그러나 여론은 영화사측에 유리한 방향으로 흘러갔다.

　사태는 급진전되었다. 우리는 대규모의 비구니 집회와 시위, 법정투쟁을 벌이기에 이르렀다. 조계사의 집회에는 전국 곳곳의 비구니 수행 도량에서 천여 명의 비구니들이 모였다. 이리하여 영화 〈비구니〉의 제작은 사회 문제로까지 확산되었다. 급기야 정부가 개입했고, 육 개월 만에 비구니측의 승리로 막을 내렸다.

　시위 과정에서 많은 불상사와 불미스러운 일이 발생했지만, 이 사건으로 인해 비구니들은 우리도 뭉치면 뭔가를 할 수 있다는 것을 알게 되었고, 힘을 키워야 한다는 생각을 하게 되었다. 젊은 비구니들 사이에는 청년 비구니회를 만들어서 사회참여를 하자는 소리가 높아졌다. 그리고 그 회장으로 내 이름이 거론되었다.

　그러나 정작 나 자신은 그 사건이 마무리되면서 심한 허탈감에 빠져들었다. 사회에 물의를 일으키며 우리가 벌인 일이 실은 집단 이기의 표출이 아니었는지, 대중 앞에 자신을 드러내고 무엇인가를 주장하고 선동하는 것이 출가 수행자에게 어울리는 일인지, 하는 의문에 휩싸여 있었다. 설사 누군가가 그 일을 해야 했다 할지라도, 그것은 내가 바랬던 나의 모습은 아니라는 생각이 들었다. 보이지 않는 곳에서 소리 없이 세상에 보탬이 되는 일을 하며 살고 싶었다.

그 무렵 동경에서 유학중이던 한 선배 스님이 내게 일본 유학을 권유했다. 나는 일말의 재고도 없이, 그리고 아무런 사전 준비도 없이 일본행을 결심했다. 일단 그 와중에서 벗어나고 싶었던 것이다.

이 때문에 청년 비구니회의 태동은 결렬되었다. 그러나 전국의 주요 비구니 사찰의 주지스님들을 중심으로 해서 '전국비구니회'가 결성되었고, 보현암의 혜춘 스님이 초대회장으로 추대되었다.

1985년 1월부터 일 년간 동경에서 나는 극도의 경제적 궁핍을 겪으며 어학 공부에 전념했다. 이것이 나중에 일본 유학의 길을 여는 데 중요한 역할을 했다. 1986년 귀국하여 운문사에서 일본어를 가르치면서 나는 교육을 위해 보다 체계적인 학업이 필요함을 절감했다. 1987년 가을 일본 정부의 장학생 선발시험에 합격했고, 이듬해 봄 동경에 있는 고마자와(駒澤) 대학 불교대학의 석사과정에 진학했다.

히라이 교수와 나

석사과정에서도 많은 인연이 내게 다가왔다가 멀어져갔다. 그것은 때로는 달콤한 유혹이기도 했지만, 대체로 번민과 혼란을 가져다주었다. 그러나 그러한 애증의 갈등을 겪으면서 나는 인간과 세상을 이해하는 방법을 터득해갔다.

1988년 4월, 입학식을 앞두고 히라이 교수님을 뵈러 갔다. 교수님은 근엄한 풍채에 쌍꺼풀이 있는 큰 눈을 가진 분이었다. 잔뜩 주눅이 든 내게 교수님이 불쑥 물으셨다. "어떻게 나를 지도교수로 택하게 되었지요?" 나는 문부성의 추천에 따른 것이라고 더듬거리며 대답했다. 그러자 교수님은 고개를 끄덕이며 혼잣말처럼 "인연이로군" 하셨다. 나는 불교 여성학을 전공할 계획이었다. 그러나 불교 여성학이라는 용어조차 정착되지 못한 당시로서는 이 분야의 학자를 지도교수로 만난다는 것은 거의 불가능한 일이었다. 히라이 슝에이(平井俊榮) 교수는 중국불교학의 한 교파인 삼론학(三論學)의 연구가로 알려진 분이었다.

히라이 교수의 강의는 삼론학의 거장인 길장(吉藏)의 저서를 읽는 것이었는데, 학생들이 차례로 자료를 연구 분석하여 그것을 발표하는 형식으로 강의가 진행되었다. 교재의 내용도 딱딱했지만, 그보다도 강의실 분위기가 너무나 전근대적이어서 나는 숨이 막힐 지경이었다. 교수님이 학생의 발표에 대해 뭔가 코멘트를 하면, 학생은 경직된 자세로 "하!" 또는 "하이, 하이!" 하고 큰 소리로 대답했다. 교수님이 가끔 농담을 던지거나 사담을 하면, 비로소 학생들은 조금 긴장을 푸는 눈치였다. 회식 장소에서조차도 그러한 분위기는 마찬가지였다. 그러나 나는 밝고 유쾌한 모습으로 새로운 생활에 잘 적응해갔다.

박사과정에 진학하자, 나의 학교생활은 히라이 교수의 강의실과 연구회에 드나드는 것으로 한정되었다. 교수님이 이끄는 연구회의 멤버는 대학원생과 연구생을 포함하여 일곱 명이었고, 나를 제외하고는 모두 조동종(曹洞宗) 승려의 자제들이었다. 고마자와 대학은 조동종이 설립한 대학으로 교수진을 비롯해서 연구진과 대학원생의 대부분이 조동종의 승적을 가지고 있었다. 일본불교는 대처승 제도가 이미 정착해 있었고, 승려들은 사복을 입고 일반인과 다름없는 생활을 하고 있었다. 히라이 교수의 연구회에서 나는 유일한 외국인이자 비구니이자 여성이었다.

그런데 언제부터인지 강의실 분위기는 전과는 달라져 있었다. 교수님은 주로 나를 대상으로 농담을 던졌고, 다른 사람들은 웃음을 터뜨리면서 그것을 즐겼다. 일 주일에 한 번 있는 회식 때도 그것은 마찬가지였다. 나는 한동안은 아무렇지도 않게 그것을 받아들였고, 오히려 나에 대한 호의로 해석했다. 평소 동료들은 내게 친절하고 예의 발랐고, 내 입장을 잘 배려해주었기 때문이다.

교수님은 처음부터 내게 관심을 보였지만, 그후에도 각별한 애정을 가지고 나를 대했다. 나는 물론 그것이 기뻤고, 교수님으로부터 인정받는 학자가 되고 싶었다. 아니면 그냥 딸처럼 여겨주셔도 좋다고 생각했다. 그런데 나에 대한 교수님의 감정은 내가 생각하는 것과는 전혀 달랐다. 그는 나의 학문적 입장이나, 내가 추구하는 것에 대해서는 전혀 관심이 없었다. 뿐만 아니라, 그는 내가 다른 교수님들과 자유롭게 교류하는 것은 물론 동료들과 다정하게 지내는 것도 좋아하지 않았다.

교수님을 대하는 것은 물론 강의실에 앉아 있는 것도 점차 불편해지기 시작했다. 그들이 나를 중심으로 만들어내는 분위기에도 자꾸만 저항감이 일었다. 나는 오랫동안 그 원인도 모르는 채 안으로 침체되기만 했다. 남성이 독점하다시피 한 일본 불교학계의 여성 경시 풍조가 문제였다. 나는 그들 속에서 단지 들러리로 존재할 뿐이라는 사실을 깨달았다.

박사과정 2년째 되던 해 여름(1991년), 귀국해 있는 동안 나는 종군위안부에 대한 다큐멘터리를 보게 되었다. 그날 밤 나는 잠을 이루지 못했다. 강자의 지배와 착취에 대한 분노로 절망의 끝에 선 듯했다. 일본 땅에 계속 머무는 것 자체가 치욕이라고 생각되었다. 교수님을 대하는 것도 참을 수 없는 일로 여겨졌다.

동시에 학문에도 심한 회의를 느꼈다. 처음 유학을 결심했을 때, 나는 학문도 수행의 한 방법이 될 수 있다고 생각했다. 학문에의 몰두는 감정의 순화와 정신의 집중을 가져올 것이고, 그것은 곧 수행의 한 과정이 될 수 있을 것 같았다. 그러나 현실적으로, 증오와 분노와 같은 부정적인 감정을 극복하는 데 학문은 아무런 도움이 되지 않았다. 나는 산으로 돌아가 수행에 힘써야 한다고 생각했다.

그해 가을 결국 교수님을 찾아가 학업을 중단하겠다고 말했다. 그는 노발대발하며 "문부성의 장학생으로서 어떻게 감히 그런 생각을 할 수가 있느냐"고 소리쳤다. 고민 끝에 나는 박사과정은 마치기로 작정했다. 남은 일 년을 잘 마무리하자고 마음을 다잡자 지내기가 한결 수월했다.

떠날 날을 앞두고 나는 교수님과 함께 저녁식사를 했다. 그는 "학업에 전념할 수 있도록 도와주지 못해서 미안하다"고 말했다.

그리고 "꼭 다시 돌아와서 박사논문을 완성하라"고 당부했다. 헤어질 때 그는 처음으로 내게 손을 내밀어 악수를 청했고, 내 손을 꼭 잡은 채 눈시울을 붉혔다. 돌이켜보건대 히라이 교수만큼 변함없이 나를 사랑한 사람도 없었던 것 같다.

당시 내 주변 환경과 심리 상태는 나의 학문에 많은 영향을 미쳤다. 그래서 나의 여성학 연구는 다분히 남성에 대한 적대감을 포함하고 있었다.

나의 학문

1980년을 전후하여 이화여대를 비롯한 서울의 대학에서는 여성학 강의가 개설되기 시작했다. 내가 대학에 들어간 1981년, 동국대학에서도 여성학이 여학생의 필수과목으로 신설되었다. 아직 시험적인 단계였던 때라, 심리학, 사회학, 법학, 철학 등 여러 분야의 강사에 의해 짜깁기된 한 학기 강의가 이루어졌다. 이때 불교학과의 이영자 교수에 의해 최초로 불교 여성학이 강의되었다.

그의 강의의 요지는 '불타의 근본 사상은 여성도 남성과 동등하게 성불할 수 있다는 것이므로 불교는 남녀평등 사상이다' 라는 것이었다. '여자의 몸으로는 수행에 어려움이 많으니 내생에 남자로 태어나서 성불하겠다'고까지 말하는 비구니 스님들이 많았던 당시에, '여성도 성불할 수 있다'는 발언은 획기적인 것이었다. 승려사회에서 비구의 비구니에 대한 우월적 태도가 일반사회에서 남성의 여성에 대한 그것보다 훨씬 강하다고 느껴질 때였다. 그래서 이영자 교수의 강의는 내게 불교 교단의 성차별 문제가 연구대상이 될 수 있음을 알게 해준 계기가 되었다.

일본의 불교학이 한국보다 훨씬 앞섰다는 평가를 받고 있었으므로, 당연히 불교 여성학 연구도 일본이 앞섰을 거라고 생각했던 것

은 착오였다. 일본의 불교학은 기존 분야에서는 대단히 발전해 있었지만, 불교 교육학, 불교 심리학, 불교 여성학과 같은 신학문에서는 한국보다 나을 것이 없었다. 그러므로 내가 일본에서 불교 여성학을 전공하려 했던 것은 아직 씨도 뿌리지 않은 땅에서 성장한 식물을 보려 한 것이나 다름없었다.

그러나, 석사과정에서 히라카와 아키라(平川 彰) 박사의 강의를

들을 수 있었던 것은 불행 중 다행한 일이었다. 히라카와 교수는 율장(律藏) 연구의 대가로, 고 나카무라 하지메(中村 元) 박사와 함께 일본 불교계의 쌍벽을 이루는 분이었다. 교수님은 내가 석사과정에 재학했던 2년 동안 고마자와의 불교대학원에서 마지막 강의를 하셨다. 그 마지막 강의를 빼놓지 않고 들었다. 그 덕분에 나는 비로소 학문에 눈을 뜰 수 있었다.

나는 「팔경법(八敬法)에 있어서의 성차별에 대한 고찰」이라는 제목의 석사논문을 제출했다. 율장(律藏)에는 팔경법(八敬法)이라고 하는 비구니의 비구에 대한 절대복종의 룰이 있다. 팔경법은 여덟 항목이지만, 세 가지 내용으로 요약된다. 즉, 비구니는 비구에게 절대 복종해야 하며, 비구니는 비구의 가르침을 받아야 하며, 비구니교단은 비구교단에 예속되어야 한다는 것이다. 그중 첫째 항목이 "출가한 지 백년이 된 비구니라 할지라도 신참비구에게 예를 갖추어야 하며 그를 공경해야 한다"는 내용이다. 출가하여 구족계(具足戒)를 받은 남자를 비구(比丘), 여자를 비구니(比丘尼)라 하는데, 비구의 구족계는 250계, 비구니의 구족계는 348계이다.

논문 심사 때 히라카와 교수님이 얼마나 세밀하게 내 논문의 문제점을 조목조목 지적하셨던지 부끄러움으로 얼굴을 들지 못할 지경이었다. 그러나 교수님은 "계율이나 율장(律藏)이 여성의 입장에서 연구될 시대가 반드시 올 것이라 생각했었다. 부디 편견 없는 시각과 올바른 학자의 자세로 연구에 힘쓰도록 하라"고 충정 어린 격려의 말씀을 해주셨다. 박사논문에서 '율장에 대한 여성학적 접근'을 시도하려고 했던 것은 교수님의 이 말씀 때문이었다.

나는 일반사회의 성차별 현상은 오랜 남존여비의 전통에서 그 원인을 찾을 수 있겠지만, 불교 교단 내의 성차별의 근원은 팔경법에 있다고 생각했다. 일본과 한국의 불교 교단에 숨어 있는 남성중심성에 대해 반감을 느낄 때마다 팔경법에 대한 회의를 거듭했다. 붓다께서는 팔경법이 후세에 이르기까지 여성의 삶에 미칠 영향을 왜 고려하지 않으셨을까? 그러한 차별법이 여성의 깨달음을 저해하는 요인으로 작용할 수 있다는 사실은 왜 염두에 두지 않으셨을까? 학자들의 주장처럼 팔경법이 후세의 율장 편집자들에 의해 삽입된 것이라면, 그들은 왜 붓다의 말씀도 아닌 것을 율장에 삽입하여 후세에 남기려 했을까?

1990년 『페미로그』라는 여성학 잡지에 기고한 「조동종에 있어서의 성차별과 팔경법」이라는 소논문에서 나는 조동종의 여승(그들은 비구니계를 받지 않으므로 비구니라 부르지 않는다)들이 당하는 차별을 지적하고, 팔경법의 부당함에 대해 비판했다. 그리고 1992년 가을, 대학의 불교학회에서 「팔경법의 역사성에 관한 고찰」이라는 주제로 연구발표를 했다. 여기서 나는 팔경법이 후세의 삽입이라는 주장에 대해 반박하고, 팔경법은 붓다 자신의 제정일 가능성이 높다고 주장했다. 그리고 만일 그렇다면 붓다는 성차별자라 할 수 있을 것이라고 역설했다. 이것은 이듬해 대학의 불교학부논집에 게재되었다. 이 무렵 나는 교조에 대한 나의 불경함에 대해 괴로워하면서 환속을 생각하기도 했다. (내가 만일 한국에서 이 논문을 발표했다면, 나는 승가에서 추방당했을지도 모른다.)

일본을 떠나기 직전 나는 미국 팔로알토(스탠포드 대학이 있는 곳)의 '일미여성센터(US-Japan Women's Center)'로부터 논문 의뢰를 받았다. 불교 교단의 성차별에 관해서 써달라는 것이었다. 나는 그 제의를 받아들였고, 이것이 도미의 계기가 되었다.

1995년 봄「한국, 대만, 일본의 불교 교단에 있어서의 성차별의 비교와 팔경법」이라는 제목의 나의 논문이 『일미여성저널 US-Japan Women's Journal』의 일본어판과 영어판에 동시에 게재되었다. 한국에 머무른 팔 개월 동안 초고를 일본어로 썼었는데, 버클리에서 영어로 번역하면서 거의 다시 쓰다시피 했다. 버클리의 자유로운 분위기 속에서 사고는 유연성을 되찾았고, 비로소 사물이 새롭게 인식되기 시작했다. 더이상 자신의 개인적인 체험에 집착하지 않고, 인간사회의 온갖 불평등을 보다 이성적이고 객관적인 시각으로 바라보게 되었다. 이 논문에서 나는 팔경법은 후세의 삽입일 가능성이 높으나, 그 근거는 붓다께서 제공하였을 것이라는 결론을 도출해냈다. 그리고 불교의 교설에 성차별적 요소가 포함되었음을 인정하고 현실 속에서 그것을 타개할 대안을 모색해야 할 것이라는 견해를 피력했다.

버클리와 불교

자유와 평등이 살아 숨쉬는 사회에서 살고 싶다는 열망이 내게 도미의 길을 열어주었다. 스탠포드 대학 객원 연구원으로 공부할 수 있기를 기대하면서 어학연수를 위한 도미수속을 밟았다. 그리고

1994년 1월 12일 샌프란시스코 공항에 도착했다.

버클리에서 어학공부를 하는 동안 나는 버클리와 UC 버클리(University of California at Berkeley)에 매료되고 말았다. 이 정열의 도시에서 꿈결처럼 사 년 세월이 흘러갔다. 또 미국 불교도들과의 만남은 이 전환기와도 같은 내 시간들을 빛나게 가꾸어주었다.

텔레그라프 가에 나가면 버클리의 모습을 한꺼번에 볼 수 있다. 거리에는 피부색이 다른 온갖 종류의 사람들이 서로 뒤섞여 지나간다. 옷가게에는 각기 다른 국적의 옷들이 나란히 팔짱을 끼고 있고, 다른 국적의 레스토랑들이 거리 이곳저곳에서 제각기 얼굴을 내민다. 십여 개의 크고 작은 서점들은 지식욕에 불타는 사람들로 북적이고, 피플즈 파크(People's Park)에선 거리의 철인들이 한가로이 낮잠을 잔다. 사람들은 길을 걸으면서 악사들의 연주를 듣기도 하고, 시크(Sikh : 힌두교의 한 교파) 교도들의 행렬을 보기도 한다.

텔레그라프 가가 시작되는 곳에서 이 도시의 상징인 UC 버클리의 캠퍼스가 펼쳐진다. UC 버클리는 반전평화운동, 히피문화의 보호운동, 자유연애와 자유연설 옹호운동 등을 전개하면서 급진적이고 자유로운 사회 분위기를 만들어왔다. 이 때문에 세계 도처에서 창조적인 사람, 모험심이 많은 사람, 새로운 사상을 가진 사람들이 끊임없이 모여든다. 버클리를 이토록 독특하게 만든 것은 역동적인 지성의 중심, UC 버클리가 있기 때문이었다.

이러한 도시 분위기 속에서 나는 마음껏 자유롭고 행복했다. 마치 늪에서 빠져나온 새처럼 환상의 날개를 펴고 도시 곳곳을 끝없이 떠돌아다녔다. 모자부터 신발까지 회색 계통인 내 복장을 보고 사람들은 "원더풀!" "뷰티풀!" "퍼펙트 앙상블!"이라는 찬사를 보내곤 했다. (그곳에서는 깎은 머리도 하나의 패션이었다!) 한국사회에서처럼 비구니라는 신분을 의식할 필요도, 일본사회에서처럼 압박감에 시달릴 필요도 없었다. 나는 단지 그 도시의 한 거주자일 뿐이었다.

그런데 나를 놀라게 한 것은 버클리 사람들이 불교를 알고 있으며, 그들 중에도 불교도가 있다는 사실이었다. 캠퍼스나 길에서 내 옆을 지나가며 합장을 하는 사람들이 있는가 하면, 홈리스 남자가 다가와 "하이, 부디스트!"라고 말하고는 손을 내밀어 적선을 구하기도 했다. 양손에 들고 있던 짐을 땅바닥에 내려놓고 내게 합장을 하며 깊이 허리를 굽히던 흑인 남자의 감동 어린 눈빛을 나는 오랫동안 잊지 못했다. 달라이 라마와 틱 나트 한(Thich Nhat Hanh, 한자로는 釋一行 : 프랑스에 망명중인 베트남 스님. 베트남전쟁 이후 유럽과 미국에서 활동하고 있다)의 강연회에 모인 인파를 보았을 때의 놀라움도 거의 충격에 가까운 것이었다.

그렇다고 버클리에 기존의 종교가 없는 것도 아니었다. 버클리는 뿌리깊은 기독교 역사를 가지고 있다. 거리의 곳곳에 서 있는 크고 아름다운 교회 건물을 보아도 충분히 알 수 있는 일이다. 그럼에도 불구하고 사람들은 자신의 종교와는 상관없이, 또는 기존의 종교에 대한 회의를 품고 불교를 알고 싶어했다. 그러나 도대체 왜 그들이 불교에 매료되는지, 불교의 무엇이 그들을 사로잡는지, 하는 궁금증을 오랫동안 풀지 못했다.

처음 일 년 동안은 어학공부를 하면서 『일미여성저널』에 발표할

논문을 쓰는 데 주력했다. 다음 일 년은 UC 버클리의 진보적이고 자유로운 학풍 속에서 공부하고 싶다는 생각으로, 동아시아어대학 박사과정에 입학할 준비로 시간을 보냈다. 그러나 랭카스터 교수(한국불교에 조예가 깊은 티베트 불교 연구가)가 나를 학생이 아닌 객원연구원으로 받아들이겠다고 제의했고, 나는 그것을 받아들였다. 그래서 나는 객원연구원의 자격으로 캠퍼스에서 듣고 싶은 강의를 청강하면서 일본의 대학에 제출할 박사논문을 준비했다.

그러나 일 년 후, 박사논문 쓰는 일을 보류하기로 했다. 논문에서 다루고자 했던 '여성학적 시각에서 율장의 내용을 비교 분석하는 일'은 단시일에는 불가능하다는 것을 깨달았기 때문이다. 물론 나는 내 학문의 결과로서 박사논문을 완성하고 싶었고, 내 학문을 독려한 사람들에 대한 보답으로 박사학위를 받고 싶었다. 그러나 일단 학문은 접어두기로 했다. 비로소 홀가분한 마음으로 그 지역의 '불교 탐험'을 시작할 수 있게 된 것이다.

1998년 샴발라에서 출간된 불교단체 주소록 『불교도의 미국 Buddist America』에 의하면, 1997년 현재 미국 전역에는 950여 개의 크고 작은 불교사원 및 선원(禪院)이 있었다. 그중에서도 캘리포니아 주가 200개가량으로 가장 많은 숫자를 기록하고 있었는데, 반 이상이 LA와 샌프란시스코 일대에 집약되어 있었다. 특히 샌프란시스코와 버클리를 포함한 그 주변지역에서 번성하고 있음이 눈에 띄었다. 샌프란시스코 일대에는 중국, 한국, 일본, 티베트, 베트남 등의 북방불교 교단과, 태국, 버마, 스리랑카 등의 남방불교 교단을 포함하여 아시아의 거의 모든 전통불교 교단이 있었다.

이들 중 내가 방문한 곳은 일부에 지나지 않았다. 비자의 만기일을 팔 개월 앞두고 시작한 일이었고, 자동차가 없어서 활동 범위가 한정되어 있었기 때문이었다. 그 지역에서 가장 거대한 교단의 하나로 발전한, 잭 콘필드가 이끄는 남방불교 교단을 방문하지 못한 것과 한국의 선(禪) 센터에 좀더 관심을 갖지 못한 것이 아쉽지만, 나의 의문을 풀기에는 그것으로도 족했다. 뿐만 아니라, 불교도들과의 만남을 통해서 나는 그 동안 망각하고 있었던 나의 정체성을 회복하기 시작했다.

나는 중국불교 사원과 일본불교의 선 센터에 드나들기 시작했고, 틱 나트 한의 제자들과도 사귀게 되었다. 달라이 라마의 포교원에도 가보았다. 그들은 각기 다른 방법으로 법회를 운영하고 있었지만 어디서나 '참 나'로 돌아가기 위한 수행방법으로 명상이나 선수행을 법회의 기본으로 하고 있었다.

처음에 나는 단순한 참석자나 관찰자에 지나지 않았다. 그런데 가는 곳마다 나에 대한 호기심 어린 눈빛과 마주치게 되었고, 따뜻한 환영의 말을 듣게 되었다. 그들에게는 아시안 비구니를 보는 것은 드문 일이었고, 그래서 나의 내방은 그것만으로도 그들의 관심을 모았다. 게다가 기회가 있어 내 소개를 하면, 내게 학문적 커리어가 있다는 것과 불교 여성학을 전공한다는 사실에 놀라움과 반가움을 표했다. 미국사회에서 성차별에 대한 관심은 이미 보편화된 것이었고, 당연히 불교도들은 불교 교단에서의 성차별에 의문을 가지고 있었던 것이다. 그래서 『일미여성저널』에 발표된 내 논문은 의외의 반응을 불러일으켰다. 공감대가 형성되었고, 우리는 자연스럽게 어울렸다. 비구니라는 신분으로서가 아니라 친구로서 그들과 사귀게 된 것이다.

그들과 가까워지자 비로소 그들이 왜 불교를 알고 싶어하는지 알게 되었다. 그들은 물질적 풍요에도 불구하고 정신적으로 많은 고통과 두려움과 불안을 안고 있었다. 그리고 기존의 종교와 철학으로는 존재에 대한 근본적인 의문을 풀 수 없다고 생각하고 있었다. 불교에서 삶의 문제에 대한 해결책과 인생의 의문에 대한 해답을 찾으려 하고 있었던 것이다.

그들의 수행 자세는 순수하고 진지했다. 나는 그 속에서 젊었을 때의 내 어머니, 또는 소녀 시절의 내 모습을 보았다. 그들과 함께 수행하는 동안, 나도 다시 내면의 세계로 눈을 돌릴 수 있었다. 때때로 안에서 울려나오는 소리에 귀를 기울였다. 나는 왜 출가했던가? 출가를 결심했을 때 나는 무슨 생각을 했던가? 선방을 떠나면서 그리고 학문을 시작하면서 나는 무엇을 원했던가? 그때마다 나는 세상을 위해 살고 싶다고 생각하지 않았던가? 그런데 나는 어떻게 살아왔는가? 학문을 한답시고 오랫동안 개인적인 삶에 매달려 있지 않았던가? 그것이 내가 바랐던 나의 모습이었던가?

차츰 나는 나를 키워준 한국과 한국의 승가에 대한 그리움이 가슴 밑바닥에서부터 밀려올라오고 있음을 느끼기 시작했다. 비로소 나는 내가 돌아가야 할 곳이 있음을 깨달았다. 돌아가 무엇을 할 것인가를 생각했다. 오랫동안 미루어왔던 일들, 이제는 찾아서 해야 하지 않겠는가, 생각했다.

어떤 길동무

절을 하라, 아무것도 구하지 말고. 자신을 완전히 잊었을 때
그곳에 부처님은 나타날 것이니라.

들에 핀 꽃들은 어디로 갔나
먼 옛날부터 먼 훗날까지

뒷부분의 가사는 모두 잊었으면서도, 웬일인지 〈꽃들은 모두 어디로 갔나 Where Have all the Flowers Gone〉라는 노래의 이 소절만은 늘 기억하고 있었다. 윤회와 반전(反戰)을 테마로 한 이 노래는 1960년대에서 70년대에 걸쳐, 한국에서도 한동안 인기를 모았었다. 대학생이었던 오빠의 흥얼거림을 듣고, 어린 나는 의미도 모르는 채 이 노래를 좋아했다. 그리고 여고 때, 방송부원이던 내 친구가 나를 위해서 이 노래를 가끔 교정에 흘려보내곤 했다.

  1992년 가을, 나는 동경에서 박사과정의 마지막 학기를 보내고 있었다. 학회의 중요한 발표를 일 주일 가량 앞둔 어느 날 나는 피터, 폴 앤 매리(Peter, Paul & Mary)의 동경 공연 소식을 듣게 되었다. 갈 것인가 말 것인가에 대한 갈등이 발표 준비를 방해했다. 결국 나는 공연을 보아야 더 효과적인 발표를 할 수 있을 것이라고

버클리 불교수도원

나의 '외도'를 정당화했다. 공연장에서 나는 '아, 오기를 참 잘했다!'며 혼자 얼마나 행복해했던가. 그리고 그들이 "Where Have all the Flowers Gone……"을 부르기 시작했을 때 얼마나 감격했던가.

1997년 가을, 버클리의 전혀 예기치 않은 장소에서 나는 이 노래를 다시 듣게 되었다. 그 때문에 나는 그곳과 그곳에서 만난 한 길동무(도반道伴)를 더욱 선명하게 내 기억 속에 담고 있는지도 모르겠다.

버클리 불교수도원(Berkeley Buddhist Monastery)은 내가 방문한

최초의 미국 사찰이다. 한 친구를 통하여 알게 된, 당시 버클리 고등학교 학생이었던 에어런으로부터 나는 그 수도원에 대해 듣게 되었다. 그곳은 중국 불교사원인데, 교회 건물을 매입하여 절로 사용하고 있으며, 주지인 헝슈어(Heng Sure, 恒實) 스님은 중국 불교 교단에 출가한 미국인 스님이라는 것이었다. 중국불교, 교회 건물, 미국인 스님. 뭔가 서로 어울릴 것 같지 않은 이 세 가지 말이 묘하게 나의 호기심을 자극했다. 어느 날 그곳의 수요명상법회에 참석하러 간다는 에어런을 따라 나는 그곳에 가게 되었다.

버클리 고등학교의 한 모퉁이를 돌아가자, 어두워지기 시작한 한적한 주택가에 십자가가 없는 조촐한 교회 건물이 서 있는 것이 눈에 들어왔다. 버클리 불교수도원이었다. 건물 안으로 들어서자 현관에 놓여 있는 많은 신발들이 보였다. 하지만, 마치 아무도 없는 것처럼 조용했다. 이미 좌선이 시작되었던 것이다. 발걸음 소리를 죽이며 법당으로 쓰고 있는 홀로 들어갔다. 십자가가 걸려 있었을 스테이지의 정면은 대장경이 채워진 책장으로 메워져 있었고, 그 앞, 스테이지의 중앙에는 보살의 입상과 불단이 홀보다 밝은 조명을 받고 있었다. 불단을 중심으로 하여 양쪽에 헝슈어 스님과 한 남자가 홀 쪽을 향하여 좌선을 하고 있었다. 홀에는 오십여 명의 사람들이 앉아 있었는데, 남녀가 양쪽으로 나뉘어 있었다. 나중에 둘러보니 그중의 반가량이 아시아인—대부분이 중국인—이었다.

좌선이 끝나고 홀의 조명이 밝아졌다. 그리고 헝슈어 스님의 법문이 이어졌다. 그는 주로 어떻게 명상을 생활화할 수 있는가에 대해 이야기했던 것으로 기억된다. 이어 법문이 끝나고 그와 청중들 사이에 한동안 질문과 대답이 오간 후 법회가 끝났다.

헝슈어 스님이 단상에서 내려오는 것을 보고 나는 그에게로 다가갔다. 내가 그에게 합장을 하고 고개를 숙이자, 그는 "어제 길에서 당신을 보았어요"라고 스스럼없이 말하는 것이었다.

"어디서요?"

내가 의아한 목소리로 묻자, 그는 "유니버시티 가에서"라고 대답했다.

나는 비로소 전날 그 길을 걸었던 것을 기억해냈다. 그는 아마도 길을 걷고 있는 나를 차 안에서 보았던 모양이었다. 그때 나는 간편한 복장을 하고 있었다. 그날도 마찬가지였다. 가사 장삼을 단정하게 차려입은 그 앞에 서 있기가 민망하여, "간편한 복장으로 법회에 나와서 죄송합니다. 이곳에 올 예정이 아니었기 때문에……"라고 변명을 했다. 그러자 그는 "상관없어요"라고 아무렇지 않게 말했다. (그가 나와 동년배이며, 20대 초반에 출가했다는 사실을 안 것은 훨씬 뒤의 일이었다.)

내가 다시 그곳을 방문한 것은 한 달 후 봉불식(奉佛式 : 법당 안에 부처님을 모시는 의식)에 참석하기 위해서였다. 그 무렵 나는 신학대학원(Graduate Theological Union)에서 '세계의 종교'를 강의하고 있는 피쉬어 교수를 정기적으로 방문하면서 스터디를 하고 있었는데, 그녀가 내게 그 행사에 꼭 참석하라고 권했던 것이다. 아침 아홉시 그곳에 도착했을 때, 절 안은 대단히 붐비고 있었다. 그리고 바야흐로 의식이 시작되려는 법당 안은 200여 명의 사람들로 입추의 여지 없이 메워져 있었다. 10여 명의 비구니 스님이 스테이지의 오른쪽에 세 줄로, 그리고 3, 4명의 비구 스님이 왼쪽에 한 줄로 서 있었다. 헝슈어 스님과 몇몇 비구니 스님을 제외하고는 모두 아시아인인 듯했다. 나는 얼른 가사와 장삼을 입고 비구니 열 끝에 가서 섰다.

곧 의식이 시작되었다. 한 중국인 비구 스님의 유려한 중국어 염불을 주로 하여, 헝슈어 스님의 진행으로 의식이 집전되었다. 비구 스님의 선창에 따라 후렴처럼 비구니 스님들의 염불이 이어지고, 때때로 신자들의 합창이 어우러지기도 했다. 난생 처음 들어보는 중국어 염불에 나는 금세 매료되고 말았다. 너무도 아름답고 장엄한 하모니어서, 나는 마치 천상에서의 순간을 맛본 듯한 환희에 젖어 있었다. 그 감격은 출가 후 처음으로 대중의 새벽예불에 참석했던 때의 그것과 흡사했다. 운문사에서의 첫날 새벽 세시, 잠에서 채 깨어나지 않은 상태로 나는 대웅전에 들어갔었다. 잠시 후 질서정연하게 앉아 있던 120명의 대중이 자리에서 일어나 절을 하며 일제히 예불문을 합창하기 시작했다. 지(至)—심(心)—귀(歸)—명(命)—례(禮), 길게 가락을 늘어뜨리며 이어지는 단조로운 리듬과 낮은 음조의 여성(女聲) 합창이 법당 가득히 울려 퍼졌다. 나의 의식은 완전히 잠에서 깨어나 성스러운 음(音)의 세계로 용해되어 들어갔다.

의식이 모두 끝나자, 다이닝 룸에서는 초대손님들을 위한 성찬이 베풀어졌다. 정갈하게 준비된 십여 개의 원탁에 모두들 자리를 잡고 앉자, 헝슈어 스님이 환영인사를 했다. 그리고 그가 소개한 손님들이 돌아가며 인사말을 했는데, 대부분이 미국인이거나 중국인이었고, 모두 남자들이었다. 나는 다른 비구니들과 한 테이블에 앉아 식사를 했다. 갖가지 중국식 채식 요리가 차례로 식탁 위에 올려졌다. 나중에 안 일이지만, 헝슈어 스님은 물론 선화 대사의 제자들은 모두 하루에 한 끼만 먹는 것을 원칙으로 하고 있었다. 내 옆에 앉은, 나보다 조금 연상으로 보이는 헝리앙(恒良)이라는 미국인 비구니가 내게 자기 소개를 한 후 테이블에 앉은 다른 비구니들을 차례로 소개했다. 대부분이 타이완, 말레이시아, 홍콩 등지에서 온 아시아인으로, 그들은 중국불교 수행도량인 만불성(萬佛城)의 법계불교대학(法界佛敎大學)에서 공부하고 있었다.

점심식사가 끝나고 사람들이 하나 둘 자리를 뜨기 시작했을 때 나도 가사 장삼을 벗어서 가방에 넣고 떠날 채비를 했다. 헝슈어 스님에게 인사를 해야겠다고 말을 하자, 한 비구니가 "누군가와 함께 가야 해요"라고 말하는 것이었다. 한국에서도 어른 스님들은 젊은 사미니나 비구니가 혼자서 비구 스님을 만나거나 비구 처소에 가는 것을 허락하지 않았다. 그러나 다이닝 룸에는 그와 나 이외에도 많은 사람들이 있었다. 그런데도 누군가와 함께 가야 한다는 것이 오히려 어색하게 느껴졌다. 나는 웃으면서 "오케이, 오케이"라고 말했지만, 그를 만나는 것이 편하지 않았다. 나는 헝리앙 스님과 함께 다이닝 룸의 다른쪽에 서 있는 그를 보러 갔다. 내가 합장을 하고 허리를 굽히고는, "감사합니다. 행사에 참석하게 해주셔서……" 하고 조금 주저하면서 말하자, 그는 꼿꼿이 선 채로 내 인사를 받으며 "천만에요"라고 정중하게 대답했다. 그것은 처음 그를 보았을 때의 미국인의 자유로운 태도가 아닌, 근엄한 중국인 스님의 모습이었다. 나는 더이상 할말을 찾지 못하고, "실례합니다"라고 말하고 돌아서서 다이닝 룸을 나왔다. 그리고 현관에서 헝리앙 스님의 전송을 받으며 그곳을 떠났다.

그후 나는 일 년 가량 그곳에 가지 않았다. 논문 쓰는 일에 몰두하기 위해서 그 외의 일들은 되도록 피할 생각이었다. 그리고 버클리 수도원의 분위기가, 비구 중심의 전통교단이라는 점에서, 한국의 사원과 비슷했기 때문에 나는 더이상 그곳에 매력을 느끼지 못했다. 헝슈어 스님이 차별주의자라고 생각되지는 않았지만, 그는 오랫동안 전통교단 안에서 살아왔고, 그 때문에 자연스럽게 교단의 관습에 젖어온 것이 틀림없다고 생각되었다. 나는 그곳에 갈 흥미를 잃어버리고 말았다.

그런데 1997년 여름, 미국을 떠나기 전에 미국의 불교에 대해 공부해야겠다고 생각했을 때, 내 머릿속에 가장 먼저 떠오른 것이 버클리 수도원이었다. 어쨌든 중국불교의 전통이 한국불교의 그것과 가장 유사하여 부담없이 방문할 수 있기 때문이었다. 그리고 헝슈어 스님이 결코 오만하거나 보수적인 비구 스님은 아닐 것이리고 생각했다.

마침 특별 법회가 있었다. 나는 헝슈어 스님을 만나기 위해 사무실로 갔다. 한 청년이 나를 사무실 안으로 안내했다. 그는 내가 스님과 이야기하는 동안 내내 스님 옆에 앉아서 나를 지켜보고 있었다. 의자에 앉자 나는 스님에게 "일 년 전에 이곳에 온 적이 있는데요"라고 작은 소리로 말을 꺼냈다. 그는 "알고 있어요"라고 짧게 말했다. 미국의 불교에 대해 공부하고 싶다고 내가 말하자, 그는 만불성에 가보기를 권했다. 그는 서재인 듯한 다른 방으로 들어가 만불성에 관한 여러 가지 책자들을 가지고 와서 내게 주었다. 그리고 자신의 명함을 주면서, 명함을 가지고 있느냐고 물었다. 나는 내가 만든, 주소와 전화번호와 전자우편 주소를 적은 카드를 그에게 건네주었다. 우리의 재회는 이렇게 담담하게 이루어졌지만, 이미 우리 사이에는 같은 길을 걷고 있다는 '동류애(同類愛)' 같은 것이 싹터 있음을 나는 느낄 수 있었다.

나는 그의 사무실에서 나와 법당으로 들어가 삼배를 올린 후 한쪽에 자리를 잡고 앉았다. 그러자 한 중국인 여자가 다가와 한사코 나를 단상 바로 아래 앉게 했다. 곧 헝슈어 스님이 단상에 올랐다. 그리고 그는 나를 대중에게 소개했다.

"오늘 우리는 특별한 손님을 한 분 모셨습니다. 비구니 세등 스님. 그녀는 우리의 법우(法友, Dharma friend)입니다."

그날의 강의는 그 다음주 토요일에 있을 예정인 귀의식(歸依式) 겸 수계식(受戒式)에 대한 오리엔테이션이었다. 불교에서는 재가신도가 정식으로 불교에 귀의하기 위해서는 삼보(三寶)에 귀의하고 오계(五戒)를 받는 것을 원칙으로 하고 있다. 헝슈어 스님은 먼저 삼귀의(三歸依)에 대해 설명하기 시작했다. 그는 '우리가 삼보에 귀의하는 것은 윤회의 삶 속에서 끝없이 일어나는 고통으로부터 우리 자신을 보호하기 위한 것'이라고 말했다. 그와 나란히 앉은 헝쉔이라는 법명의 베트남 스님이 그의 영어를 베트남어로 통역했다. 청중 가운데 베트남인이 포함되어 있는 모양이었다. 한문

문화권에서는 '돌아가 의지한다'는 뜻인 귀의가, 영어로는 '안전지대로 피난하다(taking refuge)'라는 말로 번역되고 있었다. 우리는 끊임없이 변화하는 무상한 세상에 살고 있기 때문에, 영원하고 안전한 곳에 돌아가 의지하고자 하는 욕구를 가지고 있으며, 그 대상을 필요로 한다. 불교도에게 삼보는 돌아가 의지할 대상인 것이다.

삼보란 세 가지 보배란 뜻으로, 불교의 세 가지 중요한 요소인 붓다(佛, Buddha)와 그의 가르침(法, Dharma)과 그의 가르침을 따르는 무리들(僧, Saṃgha)을 말한다. 보리수 아래 앉아 명상에 잠겨 있던 붓다는 새벽 하늘에 떠 있는 밝은 별을 보고 문득 깨달음을 이루었다. 이로써 불보(佛寶)가 성립되었다. 그의 깨달음의 내용은 네 가지 성스러운 진리, 즉 사성제(四聖諦)*로 표현되는데, 이것이 곧 법보(法寶)이다. 붓다의 최초의 가르침은 교진여 등 다섯 비구에게 행해졌다. 붓다가 "잘 왔다, 비구들이여!"라고 말하며 그들을 제자로 받아들여 승보(僧寶)가 성립하게 되었다. 그리고 붓다의 열반 후에는 불상과 경전과 출가 교단을 삼보로 여기게 되었고, 삼보가 존재함으로 해서 불교는 그 맥을 이어왔다.

헝슈어 스님은 삼귀의에 이어서 오계(五戒)를 설명했다. 오계는

---

* 사성제(四聖諦) : 인생 문제와 그 해결법에 대한 네 가지 진리. 1) 고제(苦諦) : '이 세상은 괴로움으로 가득하다'는 진리. 2) 집제(集諦) : '괴로움의 원인은 번뇌와 집착에 있다'는 진리. 3) 멸제(滅諦) : '괴로움의 원인의 소멸'이라는 진리. 즉, 번뇌와 집착이 소멸된 깨달음의 경지를 말함. 4) 도제(道諦) : '滅에 이르기 위한 실천'이라는 진리. 즉, 깨달음에 이르기 위한 수행방법인 팔정도(八正道)를 말한다.

재가 신도가 지켜야 할 기본계로서, 오계를 받는 것은 불교의 가르침에 따르고자 하는 신념의 표현이다. 이것을 지킴으로 해서 우리는 우리 자신뿐 아니라, 우리의 가족과 사회를 불행과 혼란으로부터 보호할 수 있다. 오계는 다음의 다섯 가지이다.

  1) 산 목숨을 죽이지 말 것이며, 다른 이로 하여금 죽이게 하지도 말라(불살생不殺生).
  2) 남의 물건을 훔치지 말 것이며, 주지 않은 물건을 소유하지도 말라(불투도不偸盜).
  3) 배우자 이외의 이성과 성관계를 갖지 말라(불사음不邪淫).
  4) 거짓말을 하지 말라(불망어不妄語).
  5) 술이나 마약 등 중독성이 있는 물질을 흡입하지 말라(불음주不飮酒).

스님은 오계를 차례로 설명한 후 "계율을 수행하는 것은 마치 산을 오르는 것과 같다. 더 높이 오를수록 더 멀리 볼 수 있으며, 더 자유로워질 것이다"라고 말했다.
설명이 모두 끝나자, 대중에게 질문할 기회가 주어졌는데, 그들의 질문이 나의 흥미를 끌었다. 그들의 가장 큰 관심사는 불사음에 관한 것이었다. 한 남자가 물었다.
"이혼을 하는 것은 불사음계(不邪淫戒)를 파하는 것입니까?"
헝슈어 스님이 대답했다.
"그렇지 않습니다. 불사음계는 배우자에게 진실을 다하라는 것을 의미합니다."

또다른 남자가 헝쉔 스님에게 물었다.

"나는 독신입니다만."

이 말에 사람들이 가벼운 웃음을 터뜨렸다. 그가 계속해서 말했다.

"결혼하지 않고 성관계를 갖는 것은 사음(邪淫)에 해당합니까?"

스님이 대답했다.

"율장에서는 그 관계가 결혼을 한 것인가 아닌가에 대해서는 말하지 않았습니다. 당신은 무엇이 옳고 무엇이 잘못된 것인지 잘 알 것입니다. 옳다고 생각되면 행하고 잘못되었다고 생각되면 행하지 마십시오."

불살상계(不殺生戒)를 어떻게 실천할 것인지에 대한 그들의 의문 또한 진지했다. 한 여자가 헝슈어 스님에게 질문했다.

"만약 정원을 손질하다가 우연히 달팽이를 죽이게 되었다면, 그것도 살생을 한 것이 되는지요?"

스님이 그녀에게 되물었다.

"그 달팽이가 죽었던가요?"

그녀가 대답했다.

"예."

스님이 말했다.

"그렇다면 그것을 죽인 셈이지요."

그녀가 다시 그에게 물었다.

"그들을 죽이지 않으려면 어떻게 해야 되지요?"

헝슈어 스님은 타이완에서 수행할 때 보았던 한 스님의 일화를 소개했다. 밭을 갈던 그는 아미타불을 염불하면서 흙 속에서 나온 벌레가 다른 곳으로 가도록 하더라는 것이었다. 이 얘기를 하고 나서 헝슈어 스님은

"당신도 그렇게 할 수 있다"고 그녀에게 말했다. 여기저기서 사람들의 웃음소리가 흘러나왔다. 한 남자가 그에게 물었다.

"그 벌레가 정말로 다른 곳으로 갔나요?"

헝슈어 스님이 대답했다.

"예스!"

그의 대답이 너무도 진지했기 때문에 사람들은 더이상 웃지 못했다.

그날 저녁 나는 그가 준 책자들을 뒤적이다가 한 팜플렛에 쓰인 그의 경력을 읽게 되었다.

그는 UC 버클리의 동양어학과에서 석사과정을 마쳤고, 신학대학원 Ph. D. 학생이었다. 이 신학대학원은 UC 버클리의 북문 밖에 위치하고 있으며, 모든 기독교의 교파를 통합한 체제로 운영되고 있었다. 또한 일본의 정토종이 종교의 한 교파로 이 대학에 등록되어 있어서 불교학 연구도 할 수 있었다. 헝슈어 스님은 이 대학에서 박사논문을 준비하면서, 많은 강의활동을 하고 있었다. 그는 버클리 수도원에서의 강의를 제외하고도, 만불성의 불교대학에 출강하고 있었고, 또한 '세계종교협회'를 주관하고 있었다. 이 협회는 그의 스승이며 만불성의 창설자인 고(故) 선화 대사와 로만 가톨릭의 추기경이었던 고 유빈 신부님에 의해 설립된 것으로, 세계의 주

요 종교간의 이해를 돕는 것을 그 목적으로 하고 있었으며, 일곱 명으로 구성된 교수진이 정기적으로 시리즈 강의를 개설하고 있었다. 1997년 가을의 시리즈 강의에는 유대교와 이슬람교에 관한 것이 포함되어 있었고, 헝슈어 스님은 '순수에의 귀향 : 마음을 치유하기 위한 불교적 예술'이라는 제목으로 강의했다.

그날 저녁 나는 헝슈어 스님에게 나를 소개하는 전자우편을 보냈다.

저는 신심이 돈독한 모친과 그녀가 존경하던 한 노승의 영향으로 열아홉 살에 출가했습니다. 사미니의 교육기관인 강원에서 경전 공부를 마치면서 비구니계를 받았고, 곧바로 선방에 들어가 안거(安居)를 했습니다. 그후 대학에 진학했는데 저는 공부보다는 과외활동에 치중했습니다. 일본 유학의 기회가 주어졌을 때 비로소 학문에 뜻을 두게 되었고, 불교 여성학을 전공으로 택했습니다. 불교 교단 안에 많은 차별 문제가 존재한다고 생각되었기 때문입니다. 현재 저는 일본의 대학에 제출할 박사논문 자료와 정보 수집을 위해 버클리에 와 있으며, UC 버클리에 객원연구원으로 소속되어 있습니다. 귀국 후 가장 하고 싶은 일은 글쓰는 일이지만, 그 외에도 한국에는 너무나 할 일이 많이 있으며, 제가 할 수 있는 일은 무엇이든 최선을 다할 것입니다.

헝슈어 스님에게서 곧 답장이 왔다.

당신의 글을 대단히 흥미롭게 읽었습니다. 나는 당신이 만불성의 법계(法界) 불교대학의 비구니들과 교류하면 좋겠다고 생각합니다. 또한 우리는 서구사회에 불교를 전파하기 위해서 함께 일할 수 있으리라고 생각합니다.

나는 그에게 다시 답을 하면서, "당신의 말에 동의합니다. 그러나 서구사회에 불교를 전파하기 위해서뿐만 아니라, 침체해 있는 아시아의 불교를 쇄신하기 위해서도 함께 일해야 할 것입니다"라고 덧붙였다. 그후에도 나는 몇 번 더 그에게 전자우편을 보냈지만, 그의 답장은 언제나 간결했고, 대단히 절제된 표현을 사용하고 있었다.

그해 가을 나는 그의 『육조단경(六祖壇經, *the Platform Sutra of the Sixth Patriarch*)』 강의를 듣기 위해 토요일 저녁 때때로 버클리 수도원을 방문하곤 했다. 그는 중국어 원전과 영어 번역문이 함께 수록되어 있는 교재를 가지고 중국어와 영어를 섞어가며 강의했다. 그는 이 경을 이 년 가까이 강의해왔으며, 이듬해 봄에 끝날 예정이라고, 과화(果花)라는 법명을 가진 중국인 여자가 말해주었다.

중국의 선(禪)이 현재 우리가 알고 있는 형태로 확립된 것은 7~8세기의 일로, 그 주역을 담당한 인물이 육조(六祖) 혜능(慧能) 대사이다. 보리달마를 초조(初祖)로 하여 육조 혜능에 이르기까지 중국 선의 역사는 많은 전설을 포함하고 있다. 혜능의 전기 또한 어디까지가 사실인지 판가름할 수 없다고 학자들은 말하고 있다. 그러나 그의 전기와 가르침은 가장 강한 영향력을 가지고 후세에 전해졌다. 『육조단경』은 그의 법문 모음집으로, 그의 제자에 의하여 기록, 편찬된 것이다. 이것은 선 수행자들의 대표적인 지침서 중의

아이들 사이에 앉아 〈꽃들은 모두 어디로 갔나〉의 가사를 읊고 있는 헝슈어 스님

하나로, 한국의 선가에서도 널리 읽히고 있다. 헝슈어 스님의 강의를 들으면서 나는 20대 때 혜능 대사의 전기를 읽으며 감동했던 기억을 더듬고 있었다.

혜능(638~713)은 중국대륙의 남단 광동에서 태어났다. 일찍 아버지를 여의고 어머니를 봉양하며 어려운 생활을 하느라 공부할 기회조차 갖지 못했다. 어느 날 한 남자가 『금강경』을 읽는 것을 듣게 되었는데, 그는 즉시 그 내용을 이해했다. 혜능이 오조(五祖) 홍인(弘忍) 대사를 찾아갔을 때 대사가 그에게 물었다.

"어디서 왔으며, 무엇을 하러 왔느냐?"

그가 대답했다.

"광동에서 왔으며, 부처가 되는 것 외에는 다른 목적이 없습니다."

대사는 그의 말에 감동했으나, 그를 시험하기 위해 짐짓 모욕적인 말을 했다.

"음, 광동에서 온 야만인이라고! 어떻게 네가 부처가 될 수 있겠느냐?"

혜능이 말했다.

"사람에게는 남쪽 출신과 북쪽 출신의 구별이 있을지라도, 불성에는 북쪽도 남쪽도 없습니다. 야만인의 몸은 출가 스님의 몸과 다를지 모르겠으나, 불성에 있어서는 어떤 차이도 없습니다."

오조대사는 그가 이미 진리에 눈떠 있음을 간파했으나, 대중에게 혼란을 일으키지 않기 위해서, 그를 견습행자로 받아들이고 후원에서 막일을 하게 했다.

그런데 강의가 거의 끝나갈 무렵, 갑자기 초등학생으로 보이는 열 명 가량의 중국인 소년소녀가 법당으로 들어와 단상 아래쪽에 줄지어 앉았다. 헝슈어 스님은 "오! 선데이스쿨의 아이들입니다. 오늘 강의는 여기까지 하기로 하지요"라고 말하고, 단상에서 내려와 아이들 사이에 앉았다. 그리고는 〈꽃들은 모두 어디로 갔나〉라는 노래의 가사를 천천히 읊기 시작했다.

꽃들은 모두 어디로 갔나, 소녀들이 모두 꺾어갔지

소녀들은 모두 어디로 갔나, 남편들을 찾아갔지
남편들은 모두 어디로 갔나, 군인이 되어 떠났지
군인들은 모두 어디로 갔나, 묘지로 갔지
묘지는 모두 어디로 갔나, 꽃들에게로 갔지

그런데 그가 한 소절을 읽을 때마다 아이들은 영문도 모르고 까르륵 까르륵 웃어대는 것이었다. 마치 깊은 숲속에서 문득 발견한 샘물을 마신 것처럼 청량한 소리였다. 가사를 다 읊고 나서 그는 노래를 부르기 시작했다. 그러자 대중이 다 함께 합창을 했다. 나 또한 오래 잊고 있었던 그 노래를 열심히 따라 불렀다. 내 마음은 완전히 동심으로 돌아가 있었고, 그가 오랜 친구처럼 가깝게 느껴졌다.

합창이 끝나자 그가 말했다.

"우리는 이 노래를 다르게 부를 수도 있습니다. 예를 들면, 모든 미움(성냄, 혹은 슬픔)은 어디서 오나, 먼 옛날부터⋯⋯."

처음에는 나는 그의 강의를 듣는 것이 대단히 힘들었다. 중국어로 읽는 한문을 해독하랴 영어 해석을 보며 그의 설명을 들으랴 메모하랴 정신이 없었다. 그러다 보면 곧 지쳐버려서 나중에는 아무것도 귀에 들어오지 않았다. 어느 날 나는 그 모든 노역을 그만두고 그의 말에 귀만 기울였다. 그의 강의는 마치 라디오를 통해서 듣는 성우의 모놀로그 같았다. 그는 유창한 중국어와 명확한 영어 발음을 사용하고 있었고, 이야기를 할 때는 바람 소리, 종소리, 동물의 울음소리 등 많은 의성어를 사용했다. 그가 중국어로 말할 때는 당나라의 어느 산중에서 행해지는 육조 대사의 거대한 법회에 참석하고 있는 듯이 느껴지기도 하고, 육조 대사와 그의 제자의 대화를 듣는 듯하기도 했다. 그리고 그가 '웁스!' '와우!' 등의 감탄사를 섞어가며 영어로 말할 때는, 곧바로 현대의 미국사회로 돌아와 그들의 정서에 동화되었다. 그는 어려운 단어를 사용하지 않았고, 복잡한 문장을 구사하지 않았다. 그는 명강사였다.

어느 토요일 저녁 내가 법당에 들어갔을 때였다. 그의 강의는 이미 시작되어 있었다. 법당의 뒷자리에서 정면을 향하여 삼배(三拜)를 하면서 나는 그의 말에 귀를 기울였다. 그는 "사람은 바뀔 수 있는가? 우리가 우리 내부의 선을 발견한다면, 혹은 진실로 우리의 죄를 참회한다면, 악은 어떻게 되는 것인가?"라는 질문을 던지고 있었다. 그리고 그것이 바로 그의 박사논문 주제라고 했다.

그는 그날 『육조단경』의 거의 마지막 부분에 나오는 내용인 '영원함과 영원하지 않음'에 대해서 강의했다. 『열반경』에 나오는 "불성은 영원하다"는 글귀에 집착하고 있는 한 수행자를 일깨우기 위해 육조대사는 "불성은 영원하지 않다"고 말했던 것이다. 이에 대해 그가 설명했다. "만약 부처의 성품, 깨달음의 속성이 영원불변한 것이라면, 우리는 선과 악에 대해서 말할 필요가 없을 것이다. 선은 언제까지나 선이고, 악은 언제까지나 악이라면, 최후의 최후까지도 깨달을 마음을 일으키는 사람은 없을 것이다. 그러므로 대사는 불성은 영원하지 않다고 말한 것이다. 즉, 사람은 바뀔 수 있다. 우리는 우리의 잘못을 깨닫고 그것을 바로잡을 수 있다. 우리는 악을 선으로 바꿀 수 있으며, 우리 마음의 원천으로 돌아갈 수 있다. 무명(無明)에서 깨어나 지혜의 등불을 밝힐 수 있다. 그렇다면 무엇이 영원한가? 변화하는 것이 영원하다. 이것이 육조 대사의 '영원하지 않음'의 참의미이다."

그 지역의 불교 탐험을 시작한 이래 나는 내가 만난 불자들 중에 인상에 남는 사람들을 소재로 하여 그들의 이야기를 써오고 있었다. 헝슈어 스님에 대해서는 이미 쓰기 시작했다. 그러나 나는 그에 대해 아는 것이 거의 없었다. 무엇보다도 나는 그의 출가 동기와 선화 대사와의 만남에 대해 알고 싶었다. 그래서 나는 그에게 다시 전자우편을 보냈다. 곧 답장이 왔다.

만약 당신이 소위 법(法)을 전하기 위해서, 물론 그러리라고 믿습니다만, 누군가에 대해 쓰고 싶다면 그것은 좋은 일이라고 생각합니다. 그러나 나보다도 내 스승이신 선화 대사에 대해 쓰는 것이 훨씬 좋을 것입니다. 그는 미국에 법을 전했고, 그의 삶은 많은 사람들에게 영향을 주었기 때문입니다. 그에 대해 쓴다면 나는 기꺼이 당신의 인터뷰에 응할 것이며, 그에 관한 자료를 제공할 것입니다.

나는 "만불성과 선화 대사에 대해서도 쓸 예정이지만, 당신에 대해서도 내가 버클리 수도원에서 보고 느낀 것을 그대로 쓰고 싶습니다"라는 전자우편을 다시 보냈고, 그로부터 "하고 싶으면 그렇게 하시오"라는 답장을 받았다. 그러나 나는 끝내 그와 이야기할 기회를 갖지 못했다.

10월의 어느 주말, 나는 만불성에 갈 기회를 갖게 되었다. 비로소 나는 그가 준 만불성에 관한 자료들을 주의깊게 읽기 시작했다. 책자들에는 만불성의 전경이라든지 여러 행사 장면을 담은 컬러사진들이 많이 실려 있었는데, 곳곳에 헝슈어 스님의 모습이 들어 있었다. 사진 속에서 그는 늘 선화 대사의 주변에 있었고, 뭔가 중요한 역할을 맡고 있는 듯이 보였다. 책자를 넘기던 나는 한 장의 사진에서 눈을 뗄 수가 없었다. 그것은 헝슈어 스님의 20대 때 모습이었다. 한적한 거리를 배경으로 하고 있었는데, 옆의 한 스님은 땅바닥에 엎드려 절을 하고 있었고, 그는 막 절을 하려는 자세로 합장을 하고 서 있었다. 그 표정의 진지함이 나를 긴장시켰다. 사진 밑에는 이렇게 쓰여 있었다.

세계평화를 기원하며 헝슈어 스님과 헝챠우 스님은 800마일의 순례 행진을 했다. LA에서 출발하여 캘리포니아 북부에 위치한 만불성에 도착할 때까지, 그들은 세 걸음을 옮길 때마다 절을 하며 앞으로 나아갔다. 1977년부터 시작하여 2년 9개월이 걸렸다.

나는 충격으로 잠시 동안 아무것도 생각할 수가 없었다. 그때까지 나는 그런 유의 순례를 할 수 있다는 것을 생각조차 해본 적이 없었다. 20대 때 부산에서 설악산까지 한 도반과 함께 도보 여행을 한 적은 있었다. 그리고 언젠가는 혼자서 인도나 중국의 불적(佛蹟)을 답사하려고 생각하고 있었다. 과연 나도 그들과 같은 '고행'

헝슈어 스님(오른쪽)과 헝차우 스님(왼쪽)의 순례행진
(출처 : 『트라이시클 Tricycle』 1994년 가을호)

을 할 수 있을지 자문해보았다. 내게 있어 그것은 고행이었다. 나에게는 불가능한 일인 것처럼 보였다. 나는 그에게서 두려움마저 느꼈다. 그는 나와는 전혀 다른 유의 사람인 것 같았고, 그에게 더이상 다가갈 수 없을 것 같았다. 나는 나 자신의 안이함과 계율과 수행에 철저하지 못함을 돌아보고 절망했다.

어느 날, 나는 헌책방인 모어즈 북스토어(Moe's Bookstore)의 삼층 불교서적 코너에서 불교잡지인 『트라이시클 *Tricycle*』이 잔뜩 꽂혀 있는 것을 발견했다. 나는 그것들을 몽땅 꺼내어 바닥에 주저앉은 채 하나씩 열람하기 시작했다. 그리고 헝슈어 스님의 순례에 대한 기사에 다시 정신을 빼앗기고 말았다.

"어떻게 나의 오만함을 극복할 수 있습니까?"
누군가가 선화 대사에게 물었다.
"절을 하라. 모든 것을 향하여, 모든 이를 향하여 끊임없이 절을 하라. 알겠느냐? 할 수 있겠느냐?"

절을 하라. 아무것도 구하지 말고, 단지 너 자신을 비우기 위하여, 너의 마음을 정화하기 위하여 절을 하라. 어떠한 공덕도 생각하지 말고, 유정(有情)과 무정(無情)의 모든 생명의 불성을 향하여 절하라. 그리하여 자신을 완전히 잊었을 때 그곳에 부처님은 나타날 것이니라.

우리가 거대한 언덕과 광활한 풍경을 천천히 지나가면서 절을 할 때, 우리는 그 모든 것들이 아주 작은 분자—먼지의 파편들과 미립자—들로 만들어졌다는 것을 알 수 있었다. 모든 것은 빈 공간으로 부서져 떨어지거나 또는 빈 공간으로부터 생겨났으며, 또한 그것들은 바다도 사람도 산도 될 수 있다는 것을 우리는 알 수 있었다.

어떤 사람들은 우리를 성스러운 사람으로 생각했고, 또 어떤 사람들은 우리를 사악한 마귀로 보았다. 어떤 이는 우리를 축복했고, 어떤 이는 우리를 위협적인 존재로 간주했다. 우리는 같은 일을 계속 했다. 모든 이들에게 같은 절을 했다.

객관적인 현실도 없고, 객관성 그 자체도 없었다. 한 해병은 절을 하는 우리를 보고 처음에는 우리가 땅을 저주하고 있다고 생각했다. 우리와 이야기한 후 그는 우리가 땅을 보호하고 있다고 생각했다. 우리는 어떻게 다른가? 크지도 않고 작지도 않으며, 안도 없고 밖도 없다. 스스로 수행하고, 스스로 판단하라. (『트라이시클』 1994년 가을호, 36~37쪽)

헝챠우 스님의 인터뷰에 의하면, 그들은 체포되거나 시비에 말려드는 것을 피하기 위해서 주로 밤에 절을 했다 한다. 물론 낮에도 저녁에도 계속 절을 했다. 그리고 눈에 띄지 않는 곳을 찾아 몇 시간 눈을 붙였다. 절하는 시간은 늘이고 잠자는 시간은 줄였다. 그가 말했다. "끝없이 뻗어 있는 하이웨이 101 위에서 절을 하면 때때로 높은 산의 눈보라 속에서 헤매고 있는 듯이 느껴지기도 했다. 잠시 후 거기에는 나도 없고 남도 없고, 중생도 없고 삶도 없었다……

그리고 모든 깨달은 자의 지혜와 행복이 우리의 마음에서 솟아났다."

 차가운 서점 바닥에 주저앉은 채, 나의 마음은 기쁨의 물결로 출렁였다. 그들이 한없이 자랑스러웠고, 그들이 할 수 있었던 것을 내가 못 할 리가 없다는 생각이 들었다. 비로소 나는 먼 이국에서 한 훌륭한 도반을 만나게 된 것에 대해 마음으로부터 깊이 감사했다.

나의 공안 참선 친구 강아지

개에게도 불성이 있습니까?
無!

학문을 시작한 이래 나는 제대로 선(禪) 수행을 못 했다. 아침마다 30분씩 규칙적으로 앉기는 했지만, 호흡을 세어 정신을 통일하는 수식관(數息觀)만 행할 뿐이었다. 내 화두는 침몰된 난파선처럼 내부 깊숙이 침잠해 있었다. 그런데 어느 날 우연히 만난 중국산 개가 내 화두를 끄집어내주었다.

1996년의 마지막 날. 나는 그레이스로부터 조촐한 점심식사에 초대되어 있었고, 밤에는 캐티와 한 일본 선 센터(Zen Center, 禪院)에서 있을 새해 전야 명상수련(New Year's Eve Practice)에 참석하기로 되어 있었다. 캐티가 차로 나를 데리러 왔고, 우리는 함께 그레이스의 집으로 갔다. 그레이스의 집 현관으로 오를 때, 안에서 개 짖는 소리가 들렸다. 그레이스, 노마, 마샤가 현관에서 우리를 맞이했다. 그레이스와 노마는 60대, 캐티는 50대의 부인으로 그들은 오랜 친구였다. 지난 가을학기에 버클리에 있는 불교학 협회(Institute of Buddhist Studies)에서 불교학 강좌를 청강하다 만난 수강생이었다. 수업이 끝난 후 가끔 저녁식사를 하며 얘기를 나눈 적이 있었기 때문에 그들과는 익숙한 사이였다. 40대로 보이는 마샤는 당시 그레이스의 집 객실에 머물면서 박사논문을 쓰고 있었는데, 그녀가 그 개의 주인이었다. 우리가 거실에서 서로 인사를 하는 동안 개는 거실 한쪽에 서서 우리를 바라보고 있었다.

넓은 잔디밭이 창 밖에 펼쳐진, 전망 좋은 자리로 안내되었다. 갓 구워낸 따끈한 빵과 갖가지 신선한 야채에 올리브유로 만든 드레싱을 뿌린 샐러드가 나의 구미를 당겼다. 식사중에 우리가 함께 청강했던 불교학 강의를 비롯해서 주로 불교에 관한 내용이 화제에 올랐는데, 그들은 특히 명상에 관심이 있었다. 노마는 한 티베트승에게서 배운 명상법을 실천하고 있다고 했고, 캐티는 자기 집 정원 한쪽에 있는 작은 창고를 개조하여 선실(禪室)로 꾸며놓았다고 자랑했다.

점심식사 후 거실로 자리를 옮겼을 때, 거기에 개가 있는 것이 보였지만 무심히 지나쳤다. 창 앞의 작은 탁자를 사이에 두고 마샤와 내가 창을 뒤로 하고 앉고, 캐티와 노마와 그레이스는 거실 중앙에 놓인 소파에 편안한 자세로 자리를 잡고 앉았다. 그들이 거실 한쪽에 엎드려 있던 개에 관해 얘기할 때에야 비로소 나는 집 안에 개가 있다는 것을 상기했다. 입식이고 또 실내에서 신을 벗지 않는 그들의 생활양식이 개와 함께 실내에서 생활하는 것을 가능하게 한다는 생각을 했다. 마샤는 그 개가 다섯 살의 수캐이고, 중국산인데다가 매우 지혜로워서 공자라는 이름을 붙였다고 했다. 사람을 보면 그가 좋은 사람인지 아닌지를 즉시 알아보고, 좋지 않은 사람일 경우 결코 집 안에 발을 들여놓지 못하게 한다는 것이었다. 그레이스도 공자가 얼마나 지혜롭고 충성스러운지 얘기를 했다.

공자는 누런빛 털과 단단한 몸집을 가진 개였다. 갈색의 작은 귀는 앞으로 조금 처져 있었고, 끝이 위로 뻗어 안으로 살짝 구부러진 꼬리는 상아 모양을 하고 있었다. 조금 긴 편인 얼굴 위에는 굵은 주름이 잡혀 있었고, 목 밑의 가죽이 축 처져 있어서 결코 핸섬한 개는 아니었지만, 믿음직한 표정과 점잖은 몸짓을 하고 있었다. 공자는 우리가 자기 얘기를 하는 것을 알아차린 듯 우리들 사이를 오가며 방 안을 어슬렁거렸다.

내 곁에 다가왔을 때 내가 "안녕, 공자야" 하고 머리를 만지려고 하자, 공자는 내 손을 피하며 다른 곳으로 가버렸다. 같은 일이 두세 번 일어났다. 내가 뭘 잘못했느냐고 마샤에게 물었다. 답인즉슨, 자기 머리를 만지면 거만한 태도로 자기를 다룬다고 생각하는지 싫어한다는 것이었다. "미안해" 하고 나는 개에게 소리쳤다. 잠시 후에 공자는 내게 다시 다가왔고, 이번에는 뭔가를 핥으려는 듯 혀를 내밀고 있었다. 무엇을 원하는지 알 수 없어서 마샤에게 왜 그러느냐고 물었다. 그가 나의 턱을 핥고 싶어한다는 것이다! 나는 "저는 그런 일에 익숙하지 않아요!" 하고 당황하여 말했다. 공자는 동작을 멈추고 나와 마샤 사이의 창 밖을 물끄러미 바라보고 있었다. "무엇을 보고 있니, 공자야?" 마샤가 물었지만 그는 잠자코 서 있기만 했다. 몹시 미안한 생각이 들었다.

떠나기 전에 공자와 화해해야겠다고 생각했다. 접촉할 기회를 만들기 위해 사람들이 얘기하는 틈을 타서 화장실로 갔다. 거실로 되돌아오자 공자는 거실 입구 쪽으로 몸을 향하고 내가 들어가는 것을 보고 있었다. 나는 다가가서 무릎을 꿇으며 "안녕" 하고 다정하게 말을 걸었다. 마샤가 가르쳐준 대로 머리가 아닌 턱을 부드럽게 만지자 공자는 내 손을 핥기 시작했다. 내게는 몹시 생소한 느낌이었다. 하지만 그를 다시 실망시킬 수도 없었다. 나는 꾹 참았다. 너무 간지러워서 그만 까르르르 웃음을 터뜨리고 말았다. 그런데 눈을 지그시 감고 손을 핥던 공자가 살며시 눈을 뜨더니 내가 좋아하는지 어떤지를 살피는 것이었다. 내가 웃는다는 걸 알고는 계속해서 내 손을 핥았다. 간지러운 걸 참느라 끙끙거리는 동안, 공자는 두세 번 눈을 뜨고 내 표정을 살폈다. 순간 참으로 희한한 느낌이 스쳤다. 낯선, 그러나 호감 가는 이성에게 갑자기 손을 잡힌 것과도 같은 부끄러움과 당혹스러움. 한 번도 동물과 가까이 지낸 적이 없는 내게 그것은 대단히 특별한 경험이었다. 마침 캐티가 자리에서 일어나 떠날 준비를 했다. 그래서 나는 "그만 떠나야 해. 만나서 반가웠어. 또 만나자" 하고 작별인사를 하고 자리에서 일어났다.

캐티와 나는 그날 밤 소살리토에 있는 '그린 협곡 농원(Green Gulch Farm) 선 센터'에 갈 예정이었다. 우리는 우선 밀벨리에 있는 그녀의 집으로 가서 저녁을 먹고 잠시 휴식을 취한 후 소살리토로 떠났다. 선 센터에 도착한 것은 7시 30분쯤이었는데, 겨울이어서 주위를 분간할 수 없을 만큼 캄캄했고 또 비가 부슬부슬 내리고 있었다. 게다가 그날 밤은 폭풍주의보까지 내렸다. 그럼에도 넓은 일본식 선방에는 이미 많은 사람들이 모여 있었다. 팔십 명의 정원을 이미 넘었다고 했다. 나를 포함해서 두세 명의 아시아인을 제외하고는 모두 백인이었다. 20대에서 60대까지 연령의 폭은 넓었으나 젊은 남녀가 많은 것이 놀라웠다. 검은 일본 승복을 입은 한 미국인 스님이 그들을 지휘하고 있었다. 그의 안내로 캐티와 나는 자리를 잡았고, 곧 장내가 정리되었다. 8시가 되자 좌선의 시작을 알리는 종소리와 함께 사람들의 기침 소리나 부스럭거림이 멈추고 우리는 정적 속으로 빠져들었다.

그날의 스케줄은 8시부터 자정까지였는데, 9시 30분부터 10시 30분까지의 긴 휴게시간을 제외하고는 25분간 앉고 5분간 움직이는 것을 반복했다. 첫번째 25분 동안 내 머릿속은 그날 일어났던 일을 반추하는 것으로 채워졌다. 하지만 그 다음 25분간엔 졸음이

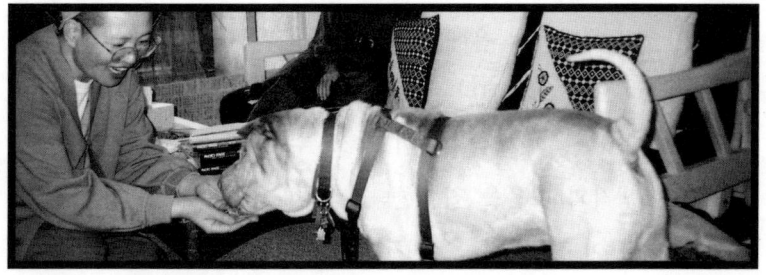

엄습했다. 그리고 나서 서서히 정신이 맑아지는가 싶더니 곧 휴게시간이 되었다. 휴게시간 동안 캐티는 내게 선 센터의 다른 건물들을 구경시켜주었다. 밤인데다 비가 내리고 있어서 선 센터 전체의 규모는 파악할 수 없었지만, 선방을 중심으로 승려들의 숙소, 장기 체재 수행자들을 위한 숙소, 주지실, 식당 등 여러 채의 건물들이 있었다. 식당에는 따끈한 우동이 야식으로 준비되어 있었고, 사람들이 줄을 서서 식당 안으로 들어가고 있었다. 나는 나머지 시간 동안 깨어 있기 위해 아무것도 먹지 않았다.

휴게시간 이후 자정까지 나는 한 번도 자리에서 일어나지 않았다. 골짜기를 휘몰아치는 강한 바람 소리, 콰당 하고 나무문이 닫히는 소리, 창문의 덜컹거리는 소리 등이 귀에서 멀어지면서 나는 선의 세계로 빠져들었다. 나는 해인사 보현암의 선방에 앉아 있었다.

한국의 선은 중국의 임제선(臨濟禪)을 근거로 확립되었는데 임제선의 골자는 화두에 있다. 화두란 선 수행자가 끊임없이 참구(參究)해야 할 '본질적인 의문'을 말한다. 선의 전성기였던 당나라 때 배출된 걸출한 선사들에 의해 무수한 화두가 창안되었고, 임제선의 수행자들은 그것을 수행의 지표로 삼았다. 한국의 선승들이 가장 많이 참구하는 화두는 '無' 자 화두이다. "개(犬)에게도 불성(佛性)이 있습니까"라는 물음에 대한 조주의 '무'라는 대답이 곧 '본질적인 의문'으로 제기된다. 조주가 '무'라고 대답했을 때 그의 마음상태가 어떠했는가를 알기 위해 선 수행자들은 '무'라는 말에 그의 모든 생각과 마음을 집중한다. 이러한 수행을 통해 내관적(內觀的) 통찰이 이루어지면 온갖 차별적 생각이 일어나기 이전의 마음상태—생각의 원천—에 이르게 되며, 왜 조주가 '무'라고 대답했는가를 직관적으로 파악한다. 즉 수행자는 조주가 '무'라고 말했을 때와 같은 마음상태가 되며 이것이 곧 이심전심(以心傳心)의 경지인 것이다. 이때 그는 진리에 대한 깨달음을 얻게 된다.*

그날 밤 나는 이십 년 전 보현암에서처럼 화두에 몰두할 수 있었다. 호흡에 맞추어 '무'를 반복하며 의심을 불러일으키려 했을 때였다. 갑자기 공자가 내 앞에 나타났다! 낮에 그와 마음이 일치했던 순간이 상기됨과 동시에 내 마음속에서 강한 의문이 일어났다. "왜 조주는 개에게 불성이 없다고 대답했는가." "그가 무라고 대답했을 때 그의 마음상태는 어떠했는가." 나는 깊은 호흡과 함께 무를 반복하며 의문의 심연으로 빠져들어갔다. 공자는 마치 나와 마주 앉아 좌선을 하는 것처럼 내 앞에 그렇게 앉아 있었다. 멀리서 자정을 알리는 종소리가 길게 여운을 남기며 울리자 나는 천천히 현실로 되돌아왔다.

그날 밤 나는 캐티의 집에 머물 예정이었다. 폭풍 때문에 길에 나무들이 쓰러져 있어서 길을 돌아와야 했다. 우리는 1시가 넘어서야 캐티의 집에 도착했다. 샤워를 하고 객실 침대에 누웠지만 쉬이 잠을 이룰 수가 없었다. 나뭇가지가 부러지는 소리, 창문의 덜컹거

---

* 1970년대에 5년간 송광사에서 구산스님의 제자로 선수행을 했던 UCLA의 로버트 버스웰(Robert Buswell) 교수는 그의 저서 『파란눈 스님의 한국 선 수행기 *The Zen Monastic Experience*(김종명 옮김, 1997년, 예문서원)』에서 화두에 대한 설명과 함께, 한국의 선 수행자들 중에는 화두의 의미를 확실하게 이해하지 못하는 사람들이 많이 있다고 말하고 있다.

림, 물건들이 날아가는 소리 등으로 자다가도 몇 번이나 깨어야 했다. 잠에서 깰 때마다 공자와의 첫 만남, 흐릿한 조명 속의 선방 풍경, 내 앞에 앉아 있던 공자의 모습 등이 눈앞에 떠올랐다. 그때마다 나는 화두를 끄집어냈고 의문 속에서 잠이 들었다. 이른 아침에 잠에서 깨었을 때도 나의 의문은 계속되었다. 생명과 우주의 존재에 대한 끝없는 의문이 나를 엄습했다. 우리는 어떻게 이 세상에 존재하게 되었으며 세계는 어떻게 이루어졌는가. 나는 누구이며 어디서 와서 어디로 가는가…….

그날 이후 한동안 나는 화두에 몰두했고, 때때로 공자에 대해 또는 그와 나의 관계에 대한 신비적인 생각에 빠지곤 했다. 그는 전생에 무엇이었을까. 왜 그는 개로 태어났을까. 어느 생 어느 곳에서 어떤 관계로 우리는 만났을까. 중국에서 선이 성행하던 시대에 우리는 수행자로 함께 참선을 했을지도 모른다. 제대로 수행하지 않으면서 혹은 깨달음을 얻지 못한 채 앉아서 양식만 축내는 선승들은 죽어서 동물로 태어날 수 있다는 얘기를 읽은 적이 있다. 공자도 그들 중 한 사람일지 모른다. 분명 지혜로운 사람이었을 텐데. 무엇을 잘못하여 개의 몸으로 태어났을까. 어떤 인연으로 지금 이렇게 잠시 재회를 하게 되었을까. 그는 나를 만났을 때 즉시 나를 알아보았는데 내가 그를 알아보지 못했던 건 아닐까. 그리고 내가 선 수행을 게을리하는 게 안타까워 일깨워주고 싶었던 건 아닐까…….

그날 이후 두 번 더 공자를 볼 수 있었다. 한 번은 캐티, 그레이스, 노마를 집에 초대한 적이 있었는데 그때 그레이스가 마샤의 허락을 얻어 공자를 데리고 온 것이었다. 내 아파트에서 서로 인사를 하고 있는 동안 공자는 거실과 침실을 돌아보고는 거실 한쪽에 가만히 서 있었다. 식사할 때나 얘기 나눌 때, 예의 점잖은 몸짓으로 거실을 어슬렁거리거나 거실 바닥에 납작하게 엎드려 있었다. 웬일인지 그날 그는 수줍은 소년처럼 내 손길을 피해다녔다. 그런데 집을 떠날 때쯤, 공자와 나는 잠시 눈을 서로 마주 들여다본 적이 있었다. 그가 무엇을 말하려고 했는지 알지 못했지만, 그래도 뭔가 마음이 통한 것만 같아 기분이 나쁘지 않았다.

그 무렵 나는 집 안에 틀어박혀 논문 쓰는 일에 몰두했다. 수요일마다 버클리대 음대가 마련하는 무료음악회인 '정오의 콘서트'에 가는 것이 그나마 큰 즐거움이었다. 일요일 아침마다 캠퍼스 가까이에 있는 '카페 스트라다(Cafe Strada)'에서 『뉴욕 타임즈』의 일요일판을 읽는 것도 또다른 즐거움이었다. 시간을 허비하지 않기 위해 사람을 만나는 걸 피하며 그렇게 혼자 즐길 수 있는 일을 찾아서 하곤 했다. 공자를 생각하는 일 또한 내게는 큰 위안이었다. 당시의 나로서는 좋은 친구나 훌륭한 스승을 만난 것만큼이나 감사한 일이었다. 길에서 만나는 모든 개들에게 친밀감을 느꼈고 그들이 더이상 인간보다 열등한 동물로 보이지 않았다. 승려로서 기본적으로 나는 모든 생명에게 불성이 있다고 믿고는 있었지만, 그때까지도 그들을 동등한 생명체로 존중하지는 않았던 것 같다.

공자를 마지막으로 본 게 그해 5월이었으니, 처음 보고 석 달 만의 일이었다. 공자의 주인인 마샤가 곧 이사를 할 예정이었고, 그래서 그레이스가 그전에 공자와 나를 만나게 해주려고 다시 나를 그녀의 집에 초대했던 것이었다. 그녀의 거실에서 내가 다른 사람들과 얘기하는 동안 공자는 자주 내 곁에 와서 손이나 턱을 핥곤 했고, 나도 그의 몸을 만지는 것이 전보다 자연스러웠다. 나는 그에게 "그 동안 나에게 많은 것을 가르쳐주어서 고마웠어"라고 말하기도 하고, '공자와 참선'이라는 글을 쓸 예정이라는 것도 말해주었다. 저녁 무렵 그 집을 떠나기 위해 나는 자리에서 일어났다. 사람들과 작별인사를 하고 거실을 나오려 했을 때 공자가 끙끙거리는 소리가 들렸다. 내려다보니 그는 나를 올려다보며 무엇인가를 열심히 말하고 있었다. 나는 바닥에 무릎을 꿇고 앉아 그에게 말했다. "오랫동안 너를 잊지 못할 거야. 언젠가 다시 만날 수 있었으면 좋겠어." 그리고 나는 '그것이 다른 생의 일이 될지도 모르겠지만' 하고 마음속으로 덧붙였다. 공자는 내 말을 들으며 열심히 내 손을 핥았다. 기쁨인지 슬픔인지 알 수 없는 감정에 사로잡힌 나는 어두워지는 한적한 주택가를 걸어내려왔다.

  논문을 써야 한다는 현실 때문에 나의 선 수행에 대한 열정은 조금씩 엷어져갔지만, 공자와의 만남은 내 내부 깊숙이 숨어 있던 화두를 다시 의식 한가운데로 끌어올려주었다. 이것이야말로 내가 꼭 깨부수어야 할 절대절명의 과제라는 것도 나는 다시 인식하게 되었다. 공자가 개의 삶을 끝내고, 어느 생에선가 선 수행자로서 다시 만나게 된다면 틀림없이 우리는 훌륭한 길동무가 되어 함께 정진할 수 있을 것이라고 나는 믿는다.

두 여인을 위한 득도식

내가 그의 제자로 득도했을 때, 나는 그에게 물었지요. "이제 저는 무엇을 해야 합니까?" 그랬더니 그는 "나도 몰라"라고 대답하는 것이었어요.

버클리 선 센터(Berkeley Zen Center)는 내가 살던 곳에서 걸어서 삼십 분 거리였다. 1997년 가을 이래 수개월간 그곳의 토요일 아침 정기법회에 참석했었다. 이 선 센터는 1967년 일본 조동종(曹洞宗)*의 승려 고 스즈키 노사(老師)에 의해 설립되어, 많은 선 수행자들로부터 끊임없이 사랑을 받고 있었다. 선 센터는 한적한 주택가에 위치하고 있었고, 아담한 일본식 선방과 작으나 아름다운 정원을 가지고 있었다. 법회 날이면 휴일 아침인데도 그 주택가에

---

* 달마를 초조(初祖)로 한 중국의 선종은 육조(六祖) 혜능에 이르러 남북 양종(兩宗)으로 나뉘었고, 당말(唐末)에는 5종(五宗)으로 분파(分派)되었다. 이들 중 13세기에 일본에 전해진 조동종과 임제종(臨濟宗)은 일본불교의 양대 선종(禪宗)으로 발전하여 현대에 이르렀다. 조동종은 1960년대에 스즈키 슌류(鈴木俊隆) 노사(老師)에 의해 미국 서부에 전해졌다.

버클리 선 센터 입구

는 사람들의 왕래가 잦아지고, 선 센터에 들어서면 선방으로 들어가는 사람들의 행렬이 눈에 들어온다. 법회는 좌선으로부터 시작된다. 오륙십 명을 수용할 수 있다는 선방은 항상 정원을 넘는 인원들로 꽉 찼다. 사람들은 시간이 되기 전에 선방으로 들어와 조용히 자리를 잡고 앉았고, 정시에 좌선이 시작되면 출입을 삼갔다. 삼십 분의 좌선과 십 분의 포행(좌선자세를 풀고 도량을 걷는 것)이 끝나면 곧바로 강의가 시작된다. 강의 후엔 차와 약간의 과자가 준비된 정원에서 얘기를 나눈다. 강사로는 주지승 멜 이외에도 조동종의 여러 지도자들이 초대되었다.

멜 위츠맨은 스즈키 노사의 직제자 중 한 사람으로, 1985년 주지로 임명되었다. 선 센터의 안내 팜플렛에 실린 프로필을 보니 필경 재미있는 사람일 거라는 생각이 들었다. 그는 1929년 LA에서 태어났는데, 1964년 선 수행자가 되기까지 다양한 삶을 살았다. 다년간 추상적 표현주의 유화를 공부한 후, 주택 페인트공 보트 페인트공, 택시기사, 음악교사 등의 직업을 전전했다. 현재 그는 부인과 아들과 함께 북(北) 버클리에 살면서, 버클리 선 센터를 비롯한 조동종의 다른 선 센터에서 참선 지도 및 강의를 하고 있다. 처음 그를 보았을 때, 그는 조동종의 검은 장삼을 입고 있었는데, 둥근 얼굴에 편안한 웃음을 띠고 있었고 태도에는 친절과 여유가 배어 있었다. 두번째 만났을 때는 재킷을 입고 베레모를 쓰고 있었는데, 나와 마주치지 "나요, 나. 딴사람 같지요?"라고 웃으면서 말했다. 그가 칠순 노인이라는 사실이 믿기지 않았다. 나는 그의 강의를 듣기 위해 몇 주를 기다려야 했다. 그리고 어느 날 그가 예의 검은 장삼을 입고 강의석에 앉는 것을 보았다. 그의 강의는 어떤 득도식(得度式)을 위한 오리엔테이션이었다. 강의 내용은 다음과 같다.

1964년 내가 처음으로 선 수행을 시작했을 때, 우리 종단에 미국인 성직자(priest)는 거의 없었습니다. 스즈키 노사는 처음에 세 명의 미국인을 성직자로 득도시켰는데, 그중 한 명은 달아나고 말았지요. (사람들 웃음) 농담이 아닙니다. 미국에서는 흔히 있는 일이지요. 1967년 그가 나에게 성직자가 되지 않겠느냐고 물었을 때 나는 매우 놀랐습니다. 스스로 성실한 수행자라고 생각하고는 있었지만 성직자가 되는 것은 고려하지 않고 있었으니까요. 이 년 후 내가 그의 제자로 득도했을 때, 나는 그에게 물었지요. "이제 저는 무엇을 해야 합니까?" 그랬

선실로 들어가는 사람들

더니 그는 "나도 몰라"라고 대답하는 것이었습니다. (사람들 웃음) 그러나 나는 그의 대답이 헌신적인 마음으로 '내가 무엇을 할 것인가'를 끊임없이 자신에게 묻는 것을 의미한다고 생각했습니다.

때때로 성직자들은 높은 위치에 서려 하고, 또 매우 특별하다고 간주되지요. 그러나 만약 그들이 특별한 존재로 군림하려 한다면 그것은 성직자의 이미지에 오점을 만드는 일이 될 것입니다. 성직자의 삶이란 겸손해야만 합니다. 왜냐하면 성직자가 된다는 것은 출가(出家), 즉 모든 것으로부터 떠나는 것을 의미하기 때문입니다. 전통적으로 출가의 가장 큰 의의는 섹스를 단념하는 것에 있습니다. 그러나 일본에서는 승려들이 결혼하여 가족을 갖는 것이 허용되었지요. 그리고 미국에서 출가란 대단히 어려운 일이므로 우리는 일본의 제도를 자연스럽게 받아들이게 되었습니다.

성직자에게 요구되는 것은 성직자로서 어떻게 자신의 수행생활을 유지할 것인가, 동시에 어떻게 교단의 일부분이 되는가 하는 일입니다. 또한 이기주의나 자기중심적인 생각 없이 겸허한 자세로 사람들을 돕는 일이며, 자신의 가치나 공적을 인정받으려는 마음 없이 사회 속으로 들어가는 일입니다. 성직자의 생애는 선 수행을 통해 자신을 고양시킴과 동시에 사람들의 필요에 부응하는 활동을 하는 것입니다. 당신이 만약 성직자라면 당신은 더이상 자기자신의 이익을 위해서 살아서는 안 될 것입니다.

다음주에 있을 득도식의 주인공이 어떤 사람들인지, 어떻게 불교를 알게 되었는지 몹시 궁금했다. 그래서 선 센터의 한 책임자에게 그들을 만나게 해달라고 간청했다. 그렇게 해서 그레이스와는 선 센터의 응접실에서, 안드리아와는 한 카페에서 만났다. 50대 주부인 그레이스는 훤칠한 키에 볕에 그을린 듯한 갈색 피부를 갖고 있었다. 조심스러운 눈빛이 상대방의 태도를 살피는 듯했고, 분명한 어조와 정확한 문장구사 때문에 매우 지적으로 보였다. 안드리아는 중키의 알맞은 체격에, 숱이 많은 갈색의 파마 머리와 밝은 웃음이 귀여웠다. 만나고 싶었던 이유를 밝히자, 그레이스는 침착하고 진지하게 자신의 얘기를 들려주었다. 안드리아는 자신의 얘기를 들려주는 것을 몹시 즐거워하며 스스럼없이 이야기했다.

안드리아 프레트 : 안드리아는 어릴 적부터 친구들과 함께 있는 것을 좋아했고 그들의 이야기를 듣기를 좋아했다. 친구들은 곧잘 자

기 고민을 애기하기 위해 그녀를 찾아오곤 했다. 그래서 그녀는 '사람들의 사람people's person' 이라는 말을 듣기도 하고 심리학자라는 별명도 얻었다. 사실 그들에게 무슨 애기를 해주어야 할지 몰랐지만 그들 곁에 있는 것이 좋았던 것이다.

그러나 열세 살 되던 해 그녀의 아버지가 그의 가족을 버렸을 때, 그녀는 처음으로 자기에게도 괴로움이 있을 수 있다는 것을 깨달았다. 그래도 그녀는 항상 다른 사람들의 문제에 더 관심을 가졌다.

그녀는 아버지의 예술적 재능을 가장 많이 물려받은 것 같았다.

참선 지도를 하고 있는 안드리아

5년 동안 세 곳의 예술대학에서 미술공부를 했고, 동시에 댄스그룹에서 춤을 추고 합창단에서 노래를 불렀다. 그리고 스물다섯 살이 될 무렵부터 예술가가 되어야 한다는 압박감으로 몹시 고통스러운 생활을 했다. 자신의 재능으로는 창작활동을 할 수 없는 게 아닐까 하는 두려움과 의구심 때문이었다. 그래서 그녀는 많은 사람들이 그렇게 하듯, 술을 마시고 담배를 피우고 마약에 손을 대기도 하며 괴로움을 이기려 했다. 그러던 어느 날 그녀는 척추를 심하게 다치게 되었고, 그로 인해 오래 침대에 누워 있으면서 그 어두운 생활을 모두 청산했다.

그후 그녀는 한 남자와 사귀게 되었다. 10년 가량 선 수행을 해오던 사람이었는데, 만나면 늘 불교와 명상을 화제에 올렸다. 어쩌다 그녀가 세상에 대해 비난하기라도 하면 그는 잠자코 창 밖을 바라보았다. 그녀는 그의 그러한 묵묵함과 온화한 분위기에 늘 감동을 받곤 했다. (그런데 정작 그녀가 불교에 관심을 갖기 시작했을 때 그는 다른 곳으로 떠났다.) 당시 그녀는 오클랜드의 한 고급 레스토랑에서 웨이트리스로 일하고 있었다. 어느 날, 그녀가 불교에 관심이 있다는 것을 알고 있던 지배인이 "오늘밤 여덟 명의 불교도가 여기에 올 예정이야. 네가 그 테이블을 맡게 해줄게"라고 말했다. 그녀는 마치 그들이 그녀를 이끌어주려고 오기라도 하듯 기꺼이 그들을 맞을 준비를 했다. 그날 그녀는 멜을 비롯한 많은 조동종의 지도자들을 만났다. 그리고 그 다음주에 버클리 선 센터에 갔고 드디어 참선을 시작했다.

버클리 선 센터에 가기 직전에 그녀는 〈미션〉이라는 영화를 보았다. 어느 신부에 관한 얘기였는데, 그의 진실한 삶이 그녀에게 깊은 인상을 남겼다. 그것이야말로 자신이 원하던 삶이라고 생각한 것이다. 사실 그녀는 성장 과정에서 기독교는 물론 특정 종교의 영향을 받지 않았다. 무대연출가였던 그녀의 아버지는 조직화된 어떠한 종교도 받아들이지 않았기 때문에 그녀의 가족은 일종의 무신론자였다. 그래서, 자기자신이 아닌 누군가의 힘에 의지하는 것은 옳지 않다고 하는 불교의 가르침이 그녀의 가족에게는 대단히 인상적이었던 것이다. 어쨌든 안드리아는 그 영화를 통해서 자신이 진실로 무엇이 되고 싶은지 알게 되었다. 예술에 대한 미련은 그때까지도 남아 있었지만, 타고난 천성에 가장 부합하는 것은 성직자라고 그녀는 생각했다. 버클리 선 센터에 갔던 첫날 멜을 만나자마자 그녀는 자기도 성직자가 될 수 있는지를 물었다. 멜은 "물론 될 수 있지"라고 대답했다. 그러나 멜의 제자가 되는 것을 허락받기까지 그녀는 10년을 기다려야 했다.

그녀는 현재 남자친구 팀과 함께 버클리 근교에서 살고 있다. 팀도 오랜 선 수행자이며, 자기 사무실을 가지고 목수 일을 하고 있다. 그녀는 주중에는 방문 간호사와 말기환자를 위한 조합(Visiting Nurses & Hospice Association)에서 간호사들과 함께 일한다. 진료기록을 정리하거나 간호사들의 스케줄과 필요한 물건들을 체크하는 일을 한다. 환자들의 집에서 일을 하는 간호사들은 늘 환자들에 관한 얘기를 하는데, 안드리아에게는 그들의 일이 하나의 '미션'이라고 생각되었다. 그래서 그들과 함께 일하는 것이 그녀에게 많은 자극을 주었다. 주말에는 예비성직자로서 선 센터에서 일하는데, 종

그레이스

을 치고 예불을 하고 좌선을 하고 처음 오는 사람들에게 참선지도를 하는, 이 모든 일들을 그녀는 너무나 좋아한다. 선 센터에 사람들이 드나드는 것을 보는 것만으로도 그녀는 행복하다.

그레이스 로젠버그 : 그레이스의 부모는 유대인이었으나 유대교를 따르지는 않았다. 그러나 그녀는 기도하는 것을 좋아했고, 혼자서 하느님과 대화를 하곤 했다. 그녀는 하느님이 그녀 곁에 늘 존재한다고 믿고 있었다. 언젠가 그녀의 삼촌이 여동생에게 아름다운 가죽 커버의 바이블을 사다주었다. 우연히 동생의 장롱 속에서 그 바

이블을 발견하고 꺼내들자 천상에서 울리는 듯한 합창 소리가 들렸다고 한다. 10대 소녀였을 때 유대교 교회에 간 적이 있었다. 그때 그녀는 사람들이 어떠한 현실적 목적도 없이 자신들의 에너지를 무엇인가에 쏟고 있다는 사실에 강렬한 인상을 받았다.

그녀는 성적이 대단히 우수해서 열일곱 살 때 대학에 갈 장학금을 얻어냈다. 버클리 대학에서 사회학을 전공하기 위하여 그녀는 가족이 살고 있는 LA를 떠났다. 1964년 버클리는 학생운동이 한창이었고, 그녀도 공부보다는 학생운동에 더 관심이 갔다. 그리고 당시 학생들 사이에 유행하고 있던 환각제를 비롯한 마약의 세계에도 잠시 발을 들여놓았다. 그러던 어느 날, 그녀는 샌프란시스코에 마약을 사용하지 않고도 정신적 차원을 높이는 방법을 가르치는 남자가 있다는 이야기를 한 친구로부터 들었다. 그가 바로 스즈키 노사였다. 여동생과 함께 그를 만나러 갔을 때 그들은 히피 차림을 하고 있었다. 그레이스는 허리까지 내려오는 긴 머리에 어깨까지 치렁치렁한 귀걸이를 하고 있었다. 스즈키 노사는 그런 그들에게 커다랗게 웃어 보였다. 그레이스는 그가 그렇게 빈틈없는 모습을 하고 어떻게 그렇게 정신적인 태도를 보일 수 있는지 이해할 수가 없었다. 그는 좌선하는 방법을 가르쳐주고 나서 그들과 함께 10분간 좌선을 했다. 그리고 그들에게 말했다. "수행하면 할수록 삶이 얼마나 고통스러운지 알게 될 것이다." 그레이스와 동생은 너무나 놀라서 허겁지겁 그곳을 뛰쳐나왔다. 왜냐하면 그들은 괴로움으로부터 달아나기 위해서 그곳에 갔었기 때문이다. 그곳을 나오면서 그들은 "별 이상한 사람 다 보겠네"라고 기분이 몹시 나빠져서 말했다.

　몇 개월 뒤, 한 저녁 모임에서의 일이었다. 남자친구가 주선한 커플들 간의 식사 자리였다. 상대방 커플의 여자와는 초면이었는데, 그레이스는 그녀가 맞은편 테이블에 앉자마자 물었다. "당신 혹시 명상을 하나요?" 그녀는 그렇다고 대답했다. 스즈키 노사를 만난 경험이 있었기 때문에 바로 알아차릴 수 있었던 것이다. 그들에게서 받은 공통적인 인상은 강한 향기와도 같은 것이었다. 그레이스는 그녀에게 어디서 누구와 함께 명상을 하느냐고 물었다. 그녀의 스승 에크나트는 당시 이스트베이에서 인도의 명상법을 가르치고 있었다. 한동안 그레이스는 에크나트와 함께 명상을 했고, 나중에 샌프란시스코의 스즈키 노사에게로 돌아갔다. 그리고 1967년부터 버클리 선 센터에서 멜과 함께 수행하기 시작했다. 그녀 나이 스무살 때의 일이었다.

　명상을 계속하는 동안 졸업이 가까워졌다. 장래에 대한 불안감 때문에 어두운 나날을 보내고 있던 중, 그녀는 지금의 남편 피터를 만나게 되었다. 그도 UC 버클리에서 마지막 학기를 보내고 있는 학생으로, 인류학을 전공하고 있었다. 그 또한 명상에 관심을 가지고 있었고, 10대에 이미 선 수행자와 만난 적이 있었다. 그래서 그들은 버클리를 떠날 때까지 2, 3개월간 함께 버클리 선 센터에 다녔다. 졸업을 하자마자 그들은 스즈키 노사의 주례로 샌프란시스코의 일본절에서 결혼식을 올렸다. 결혼 후 그들은 베트남전 징병을 피해 미국을 떠났다. 1968년부터 1977년까지 캐나다에 사는 동안 두 아들이 태어났다. 미국에 돌아온 후 그들은, 피터가 하버드에서 교육학으로 Ph. D.를 취득할 때까지 동부에서 살다가 다시 서부로 돌아왔다.

아이들이 성장하자 그레이스는 다시 정신적인 생활을 갈구했다. 그녀의 두 아들은 대단히 우수했는데, 특히 장남은 수학의 천재였다. 그녀는 '아들은 수학에서 그의 꿈을 찾을 것이다. 그러나 나는 무엇인가'라는 생각을 하기 시작했다. 그때까지 세일즈와 마케팅에 관한 일을 해왔던 그녀는 직업을 바꾸기로 결심했다. 아들이 열네 살에 대학에 들어가자 그녀는 심리학자가 되기 위해 공부를 시작했다. 그리고 버클리 선 센터에서 멜과 함께 선 수행을 하기 위해 1984년 버클리로 돌아왔다. 버클리의 한 대학원에서 임상심리학으로 Ph. D.를 취득한 후, 1991년 그녀는 시에라마운틴으로 다시 이사했다. 그곳에는 피터가 부모님으로부터 물려받은 3천 에이커가 넘는 거대한 땅이 있었기 때문이다. 그들은 그곳에 새 집을 짓고, 말, 개, 닭, 고양이들이 살고 있는 가축우리 이층에 선실(禪室)을 만들었다.

그녀는 현재 농장에서 25마일 가량 떨어진 작은 도시의 한 메디컬 센터에서 일 주일에 세 번 일하고 있다. 그곳에서 그녀는 심리학자로서 상담과 정신치료를 한다. 그 지역 사람들을 위해 수요명상회와 금요명상회를 열고 있으며, 일요일 아침에는 그녀의 선실에서 이웃들과 더불어 좌선을 하고 차를 마시고 얘기를 나눈다. 남편 피터는 일 주일의 반은 샌프란시스코의 자기 사무실에서 일하고 반은 그녀와 함께 농장에서 보낸다.

나는 동경에서 5년간 조동종이 설립한 대학에서 유학했었기 때문에 조동종 승려들의 생활을 익히 보아온 터였다. 일본불교는 명치유신 때 승려의 결혼과 성직의 세습을 제도화했는데, 조동종도 예외 없이 이 제도를 따르고 있었다. 조동종은 선종(禪宗)이지만, 승려들의 상당수가 학자이거나 다른 직업을 가지고 있으면서 사찰을 운영하고 있었고, 선 수행자는 매우 드물었다. 그들의 생활은 일반인들과 거의 다름이 없었고, 그 때문에 득도식은 성직을 세습하는 의식 혹은 사찰의 소유권을 아들에게 양도하는 의식에 지나지 않는 것처럼 보였다. 그래서 일본에 있을 때 나는 조동종 승려들의 득도식에 그다지 관심이 없었다. 그런데 미국의 조동종은 일본과는 달랐다. 성직자이든 아니든, 이들은 선 수행을 신앙생활의 중심에 두고 있었다. 그리고 승려들은 결혼은 하지만 성직을 세습하지는 않았다. 그런 만큼, 성직자와 평신도 사이에는 다른 점이 아무것도 없어 보였다. 그럼에도 불구하고 평신도로 머물기보다는 성직자가 되기를 원하는 것은 무엇 때문일까. 버클리 선 센터에 드나들면서 나는 그 해답을 얻을 수 있었다. 성직자가 되기를 원하는 사람들은 수행과 봉사를 그들의 삶의 일부분이 아닌 삶의 중심에 두고자 한 것이었다.

  그 다음주 토요일 오후 득도식에 참석하기 위해 선 센터에 갔을 때, 선방은 이미 입추의 여지 없이 사람들로 가득 메워져 있었다. 그것은 예상 밖이었다. 정기법회도 아니었고, 또 한국의 경우 승려들의 득도식에 일반 신자들은 참석하지 않는 것이 보통이었기 때문이다. 나는 사람들 틈을 비집고 들어가 한쪽에 자리를 잡고 앉았다. 세시 정각이 되자 시작을 알리는 종소리와 함께 멜과 초대된 두 명의 법사가 정면의 협문을 통해 안으로 들어왔다. 멜은 갈색 장삼에 엷은 하늘색 가사를 두르고 있었다. 그들이 불단 앞에 마련된 자리에 대중을 향해 앉자, 곧이어 그날의 수계자(受戒者)인 그레이스와 안드리아가 들어왔다. 대중은 숨을 죽이고 그들을 지켜보고 있었다. 그런데 그레이스와 안드리아의 머리가 말끔히 깎여져 있었다. 그 또한 예상 밖이었다. 출가의 상징으로 그들도 득도식 때 일단 머리를 깎는다는 사실을 나는 몰랐다. 그들의 방금 깎은 듯한 파르스름한 머리를 보자, 갑자기 나의 두 눈에 눈물이 고였다. 25년 전 사미니가 되기 위한 나의 득도식이 떠올랐기 때문이다.

 득도식은 두 부분으로 나누어져 있었다. 모든 의식은 멜의 주도 하에 행해졌는데, 배포된 인쇄물을 가지고 대중이 함께 낭독하는 부분도 많이 포함되어 있었다. 전반부는 석가모니 부처님을 비롯하여 불교의 모든 성현들을 그 법회에 초청하여 예를 올리는 의식으로부터 시작되었다. 이어서 그레이스와 안드리아가 부모님께 하직인사를 하기 위해 절을 하는 순서가 있었다. 안드리아의 어머니가 감동받은 표정으로 딸의 절을 받자, 나는 그만 눈물을 흘리고 말았다. 나의 득도식에 참석했던 모친이 떠올랐기 때문이다. 득도식이 끝났을 때 어머니는 눈물을 흘리면서, 재가신자가 출가스님에게 하는 예로, 나에게 절을 했었다.

 계속해서 삭발하는 의식, 법명을 받는 의식, 그리고 승려들의 최소한의 소유물인 법복(가사와 장삼), 발우(하나로 포개지는 네 개의 식기), 좌구(坐具: 앉거나 누울 때 바닥에 까는 천)를 받는 의식 등으로 이어졌다. 불교에서 머리를 깎는 것은 세속을 떠나는 것과 번뇌를 여의는 것을 의미한다. 그 때문에 이들의 득도식에서도 삭발하는 의식은 중요한 부분을 차지했다. 법복을 받는 의식이 진행되는 과정에서 약간의 해프닝이 발생했다. 수계자는 가사와 장삼을 받은 후 그것을 입어야 하는데, 둘은 입는 것이 서툴러서 사람들이 지켜보는 가운데 쩔쩔맸다. 초대된 두 법사가 그들을 도왔는데, 입고 나서도 옷과 몸이 따로 노는 듯하였다. 뒤에서 보니 안드리아의 옷은 허리띠를 중심으로 위와 아래가 서로 뒤틀려 있었다. 그리고 키가 큰 그레이스는 절을 할 때 장삼 끝이 발에 밟혀 넘어질 뻔하기도 했다. 사람들의 가벼운 웃음소리가 여기저기서 흘러나왔다.

　득도식의 전반부는 이렇게 계(戒)를 받기 위한 준비과정이었고, 후반부는 수계자들이 불(佛), 법(法), 승(僧)의 삼보(三寶)에 귀의한 후 십계(十戒)를 받는 것을 내용으로 하고 있었다. 멜이 십계의 항목을 하나씩 낭독했고, 그레이스와 안드리아가 그것을 반복했다. 살(殺), 도(盜), 음(淫), 망(妄), 주(酒)에 관한 기본 오계 중에 불음계(不淫戒)가 '잘못된 성생활을 하지 말라'는 것으로, 출가인이 아닌 재가인(在家人)을 대상으로 한 것임을 알 수 있었다. 그리고 나머지 오계는 성직자로서 가져야 할 마음가짐과 생활태도에 관한 것으로, 멜이 그의 강의에서 강조한 내용들이었다. 그런데 멜은 십계를 읽는 동안 두 번이나 '하지 말라'로 말할 것을 '하라'로 말하여 사람들은 웃음을 터뜨리고 말았다.

　끝으로 대중의 합창이 이어졌다.

시방(十方)과 삼세(三世)의 모든 부처님
모든 중생과 모든 거룩한 보살님들
지혜 위의 지혜, 마하반야바라밀

가없는 하늘의 구름처럼
진흙 속에서 피어나는 연꽃처럼
우리는 언제나 부처님의 청정한 마음속에 주(住)합니다.
이제 우리는 모든 중생과 함께 여래(如來)께 감사의 예를 올립니다.

멜의 코멘트를 끝으로 득도식이 모두 끝나자, 의식을 주도했던 법사들과 수계자들이 정면의 협문을 통하여 먼저 밖으로 나갔다. 내가 다른 사람들 틈에 끼어 현관문을 통해 밖으로 나오자, 그들은 정원에서 기념사진을 찍고 있었다. 사람들이 그레이스와 안드리아에게로 다가가서 포옹을 하거나 뺨에 입을 맞추면서 축하해주었다. 나도 그들에게 다가가 차례로 포옹을 하면서 "Congratulations!" 하고 말했다. 그레이스는 예의 침착한 얼굴에 빛나는 눈으로 축하를 받았고, 안드리아는 기쁨을 감추지 못하고 함박 웃음을 보였다.

나중에 안드리아는 그날의 감격을 이렇게 말했다. "와우! 정말로 내게 그런 일이 일어나다니! 아직도 나는 내가 성직자가 되었다는 사실을 믿을 수가 없어! 너무 감사하고 기뻐!" 그리고 그레이스는 득도식에 의해 그녀 자신이 그렇게도 빨리 바뀔 수 있다는 사실에 놀랐다고 말했다. "득도식을 마친 순간부터 나는 성직자로 변신한 것 같았다. 그것은 나의 출산 경험을 상기시켰다. 갓난아이를 내 팔에 앉았을 때 나는 그 즉시 아이의 엄마가 되어 있었다. 성직자로서 큰 계획이 있는 것은 아니다. 전과 다름없이 생활할 것이다. 그러나 득도식 후 나는 성직자로 새로 태어났다는 것을 마음 깊이 감지하고 있다."

왼쪽에서 세번째가 안드리아, 다섯번째가 주지승 멜 위츠멘, 일곱번째가 그레이스

정열의 비구니 로비나 코틴

세상에서 가장 중요한 것 중 하나가 '자비' 입니다. 뉴욕의 큰 상점에서 살 수 없고, 기계로 만들어낼 수도 없습니다. 자비는 내적 발전에 의해서만 얻을 수 있습니다.

버클리에 도착한 지 3개월 만의 일이었다. 티베트의 달라이 라마께서 버클리에 연설을 하러 오신다는 것이었다. 영어학교의 한 선생님으로부터 그 뉴스를 들었을 때 나는 달라이 라마의 미국 방문이 무엇을 의미하는지 전혀 알지 못했다. 강연일을 앞둔 어느 날, UC캠퍼스의 북문 밖에 위치하고 있는 신학대학원에서 강연회의 무료 티켓을 배부한다고 했다. 그런데 내게 티켓을 구해주겠다던 한 한국인 친구의 말에 의하면, 그날 새벽부터 줄을 서서 기다리고 있던 사람들에 의해 순식간에 동이 나고 말아 티켓을 구하지 못했다는 것이었다. 당일 날 강연장에 가면 설마 승려인 나를 쫓아내랴 싶어 티켓이 없는 것을 걱정하지는 않았지만, 사람들의 그같은 열광에 나는 놀라움을 금치 못했다.

1994년 4월 20일, 달라이 라마의 연설을 듣기 위해 나는 그릭 극장(Greek Theatre)으로 향했다. 그릭 극장은 당시 내가 살고 있던 I-하우스(International House)에서 걸어서 5분 거리에 있었다. I-하우스 앞의 피드몬트 가는 사람들의 행렬로 메워져 있었고, 그 인파는 모두 그 거대한 원형 야외극장으로 빨려들어가고 있었다. 그런데 나는 강연장으로 들어가기 직전에 달라이 라마와 극적으로 마주치게 되었다. 그와 만나게 되리라고는 상상도 못 한 일이었고, 나는 그와 만날 준비가 전혀 되어 있지 않았었다.

나는 잠시 인파를 피해 길 한쪽에서 서성이고 있었다. 그때 붉은 갈색의 가사를 두르고 안경을 낀 60대로 보이는 비구 스님이 두세 명의 젊은 스님들과 함께 내가 서 있는 쪽으로 걸어오고 있었다. 그가 바로 달라이 라마였다. 나는 그만 어찌할 바를 몰라 잠시 그 자리에 얼어붙은 듯 서 있었다. 그리고는 얼른 합장을 하고 깊이 허리를 굽혀 그분께 예를 올렸다. 그러자 그는 "오!" 하는 탄성과 함께 커다란 웃음을 내게 보이는 것이었다. 나는 얼른 그가 지나가도록 길 한쪽으로 비켜섰고, 그는 내 앞을 지나 극장을 향해 발걸음을 옮겼다. 그후 나는 오랫동안 그의 그 커다란 웃음과 따뜻함을 잊지 못했고, 그분의 존재가 내 가슴속에 깊이 자리잡고 있는 것을 발견하곤 했다. 그로부터 3년 후 그의 전기 『위대한 대양 달라이 라마 *The Great Ocean Dalai Lama*』를 읽으면서 그의 웃음에 대한 서술을 보고는 나는 그만 혼자 감격의 웃음을 터뜨리고 말았다.

······그는 또한 전혀 예기치 않은 순간에 나타나는 가장 아름다운 웃음을 가지고 있다. 예를 들면 사원에서의 엄숙한 의식의 중간에, 또

는 어떤 어려운 문제에 대한 긴 설명 끝에, 또는 무엇인가에 집중하기 위해 양미간을 찌푸리고 있은 후에 그 웃음은 나타난다. 그 웃음들 중에는 마치 구름 사이로 얼굴을 내민 태양과 같은 것이 있으며, 만일 그것이 당신을 향한 것이라면 당신은 결코 그것을 잊지 못할 것이다.

미국에 갈 때까지 나는 달라이 라마와 티베트 불교에 대해 거의 아는 것이 없었다. 그래서 8천여 명의 군중이 모인 가운데 대형 야외극장에서 행해진 달라이 라마의 강연은 나를 몹시 놀라게 했다. 그는 '인권과 도덕적 수행'이라는 제목으로 연설했는데, 당시의 내 영어청취 능력으로는, 나는 그의 말을 거의 한마디도 알아듣지 못했다. 그러나 나는 그의 소탈하고 꾸밈없는 태도에 깊이 감동되었고, 기립박수를 보내거나 웃음을 터뜨리는 청중의 열기에 완전히 압도되었다. 그후 나는 서점이나 도서관에 갈 때마다 티베트 불교와 달라이 라마에 대한 서적들을 뒤적이곤 했다. 그리고 '만다라 전시회'라든지 '티베트의 성스러운 춤과 음악'과 같은 티베트에 관한 이벤트에도 열심히 찾아다녔다. 그러나 티베트 불교와 달라이 라마는 내게 오랫동안 신비의 존재로 남아 있었다.

달라이 라마의 강연을 듣고 3년이 지난 어느 날, 나는 『첨단의 여성불자들 Buddhist Women on the Edge』에 실린 한 티베트 비구니의 글을 읽게 되었다. 투브텐 차드론(Thubten Chodron)은 미국 출신으로 티베트 불교 교단에 출가한 제1세대였다. 그녀는 티베트 비구니들이 처한 여러 가지 어려운 현실에 대해 얘기했다. 나는 그녀의 글을 통해서, 아시아 문화에 뿌리를 둔 불교 교단 안에서의 그들의 수행이 얼마나 많은 도전을 필요로 하는가를 알게 되었다. 그녀는 시애틀에서 활동하고 있었고 나는 곧바로 그녀를 만날 수는 없었다. 로비나를 만나게 되기까지는 좀더 기다려야 했다.

어느 날 나는 조지로부터 로비나에 대해 듣게 되었다. 조지에 의하면 그녀는 출가하기 전에 급진적인 페미니스트였다는 것이다. 그 점이 나의 호기심을 자극했다. 왜냐하면 나는 티베트 불교 교단이 강력한 비구 중심 사회라는 것을 알고 있었기 때문이다. 다행히도 로비나가 정기적으로 강의를 하고 있는 츠첸링(Tse Chen Ling) 센터는 샌프란시스코에 있었다. 츠첸링 센터는 티베트 불교의 포교원과 같은 곳으로, 세계 각국에 흩어져 있는 '대승불교 보존 재단(Foundation for the Preservation of the Mahayana Tradition)'의 94개 분원 중의 하나였다.

1997년 10월의 어느 토요일 아침 나는 로비나를 만나기 위해 츠첸링 센터에 갔다. 그녀는 그곳에서 한 달에 한 번 '일일(一日)명상 수련회'를 지도했고, 한 달에 두 번 '서양에서의 불교'라는 제목으로 강의를 하고 있었다. 나는 강의 시간보다 조금 일찍 센터에 도착했다. 내가 책장에 꽂힌 책들을 보고 있을 때, 붉은 갈색의 티베트 승복을 입은 한 비구니가 휙 하고 바람처럼 건물 안으로 들어왔다. 그녀는 나보다 조금 작은 키에 다부진 체격을 하고 있었다. 그녀가 로비나라고 생각되어 나는 "헬로우" 하고 웃으면서 인사를 건넸다. 내 소개를 한 후 그녀를 만나러 왔음을 밝혔다. 그녀는 호기심 어린 눈빛으로 나를 바라보면서 강의 후에 이야기하자고 말했다. 그녀의 푸른 눈은 따듯하면서도 장난기가 배어 있는 듯이 느

꺼졌고, 태도는 여유가 있어 보였다. 그녀는 법당으로 들어가서는 지체없이 강의석에 올라앉았다. 강의석 뒤의 벽 중앙에는 달라이 라마의 사진이 걸려 있었다. 40여 명의 사람들이 이미 자리를 잡고 앉아 있었는데 대부분이 중년으로 보였고 남자보다 여자가 많았다. 호주 출신인 그녀는 영국식 억양으로 빠르게 말했는데, 음조는 차분했다.

그날 강의의 주제는 '명상의 목적과 티베트 불교의 수행방법'이었다. 그녀는 스스로 의문을 던지고 그에 대답하는 형식으로 얘기를 풀어나갔다.

- 우리는 왜 불교를 배우고 명상을 하는가.
- 괴로움에서 벗어나 영원한 행복을 얻기 위해서이다.
- 그렇다면 행복이나 괴로움은 어디서 오는가.
- 우리가 경험하는 모든 것은 우리 자신의 카르마(業:행위)에 의한 것이다. 그것은 신이나 부모나 그 누구에 의해 창조된 것이 아니고 내가 만들어낸 것이다. 나는 나의 원인이며 결과이다. 그러므로 내 삶은 스스로 책임져야 한다.
- 어떻게 책임질 것인가.
- 증오와 성냄과 탐욕과 같은 우리 내부에 있는 부정적인 에너지를 긍정적인 것으로 바꾸고 내 삶을 개선해야 한다.
- 그것은 어떻게 가능한가.
- 부처님의 가르침에 따라 수행함으로 해서 우리는 본래 가지고 있던 자비와 사랑과 지혜를 계발할 수 있다.
- 다시, 우리는 왜 불교를 배우고 명상을 하는가.
- 우리는 우리의 본성을 이해하는 능력과 어리석음을 뒤집어 깨달음에 이를 수 있는 능력이 있기 때문이다.

로비나는 몇 가지 명상법에 대해 설명하고, 그것을 모인 사람들과 함께 실습하기도 했다. 그중 '만트라 염송'은 한국불교에서 하고 있는 염불과 같은 것이었다. '집중명상'은 의식을 하나의 물건 혹은 호흡에 집중하여 마구 날뛰는 마음을 잡아매는 데 그 목적이 있다고 했다. 그리고 그녀는 나쁜 카르마를 제거하기 위한 '정화(purification) 수행'으로서 탄트라 명상의 하나인 '심상(visualization) 명상법'을 소개했다.

"깊이 너 자신을 정화하기를 원하라. 너의 만트라의 강한 에너지를 상상하라. 네 안의 모든 부정적 에너지는 사라지고, 너의 몸이 완전히 정화되었음을 상상하라. 이제 지혜와 자비를 완성하고, 너의 가장 행복한 얼굴과 가장 온화한 눈과 가장 부드러운 말을 창조하라. 성스러운 붓다의 모습을 떠올리고 그것이 너 자신임을 상상하라. 그리고 너는 모든 다른 생명에게 이익을 줄 것을 믿으라……."

정오가 되자 그녀는 강의를 중단했다. 그녀와 나는 근처의 중국집에서 사온 음식을 먹으며 간단한 질문과 대답을 주고받았다. 그녀가 먼저 내 나이를 물었는데, 그녀는 나보다 꼭 열 살 위였다. 나는 그녀에게 비구니가 된 동기가 무엇이냐고 물었다. 그녀는 옛세(Yeshe) 라마를 처음 만났을 때 마음속에서 강한 충격을 느꼈고, 그 감동이 그녀를 티베트 불교에 귀의하게 했다. 그리고 나중에 달라이 라마를 뵙게 되었을 때 그녀의 출가에 대한 결심은 움직일 수 없는 것이 되었다. 이번에는 그녀가 내게 출가의 동기를 물었다. 나는 그 질문을 받으면 늘 내 어머니의 기도와 태몽에 대해 이야기한다. 내 이야기를 들은 로비나는 "오! 당신은 선택의 여지가 없었군요?"라고 말했다. 나의 출생에 관한 이야기를 들은 티베트 불교도들은 한결같이 조금도 의아해하는 기색 없이 그것을 받아들인다. '재생'이나 '환생'에 대한 그들의 확고한 믿음 때문이리라. 그녀와의 첫번째 만남은 그다지 특별한 것은 없었지만, 나는 그녀와의 인연을 느낄 수 있었다. 그녀가 오후 강의를 시작하기 전에 나는 그 센터를 떠났다.

그녀를 다시 만난 것은 약 2주 후의 목요일 저녁이었다. 우리는 강의 시간을 한 시간 앞두고 센터 앞에서 만나기로 했다. 내가 도착했을 때는 센터의 문이 잠겨 있었기 때문에 나는 밖에서 그녀를 기다렸다. 어둠이 깔리기 시작한 거리엔 사람들의 왕래가 드물었고 11월의 저녁바람은 쌀쌀했다. 멍하니 오가는 차량의 헤드라이트를 보고 있는데, 갑자기 로비나가 어둠 속에서 튀어나왔다. 말끔히 깎인 그녀의 머리에는 모자가 씌워져 있지 않았다. 그런 반면 치마처럼 발등까지 내려온 붉은 밤색의 승복 위에는 같은 색의 파카가 걸쳐져 있는 것이었다. 나는 그녀의 기묘한 모습에 웃음이 나오려는 것을 참으며 "하이" 하고 인사를 했다. 우리는 근처의 카페에서 이야기를 나누기로 했다. 그녀의 날쌘 걸음에 보조를 맞추기 위해 나는 뛰다시피 해야 했다. 그녀는 운전을 하면서 프리웨이에서 두 번이나 속도 위반을 했다고 말했다. 그래서 속도를 줄이는 수행을 하고 있는데, 만약 한 번 더 속도 위반을 하면 운전을 그만둘 생각이라고 했다. 그녀의 말과 동작이 너무나 재미있어서 나는 길을 걸으면서 소리를 내어 웃곤 했다. 나는 비로소 강의 일정표에 씌어진 그녀의 프로필이 이해되었다. 그녀의 드라마틱한 스타일과 유머감각이 신자들의 사랑을 받는 이유였던 것이다.

그날 나는 그녀의 이야기를 들을 예정이었다. 카페 '더 높은 땅'은 그녀의 단골인 듯 그녀는 그곳 사람들과 스스럼없이 이야기했고 거리낌없이 행동했다. 테이블 네 개가 단출하게 놓여 있을 뿐인 그 카페는 매우 오래되어 보였다. 그곳이 처음인 나에게도 편안하게 느껴졌다. 자리를 잡고 앉자 나는 그녀에게 질문을 퍼붓기 시작했다. 출가할 때까지의 그녀의 삶은 너무나 드라마틱하고 상상을 초월하는 것이어서 나는 그녀의 이야기에 흠뻑 빠져들었다. 그녀가 말을 어찌나 빨리 했던지, 몇 번이나 그녀의 말을 멈추거나 되물어야 했다. 그녀의 이야기는 마치 녹음된 한 시간짜리 카세트 테이프처럼 한 시간 만에 끝이 났다.

로비나 코틴 : 로비나는 1944년 오스트레일리아의 멜버른에서 1남 5녀의 둘째딸로 태어났다. 그녀의 부모님은 가톨릭 신자였기 때문에 그녀는 태어나면서부터 성당에 다녔다. 두세 살짜리 꼬마였을 때 그녀는 신부님을 보고 막연히 그것이 자신의 삶이 될 것이라고 느꼈다. 그녀는 말괄량이 소녀였지만, 신을 사랑했고 기도하는 것을 대단히 좋아했다. 열세 살 때 그녀는 수녀가 되겠다고 말하여 어머니를 놀라게 했다. 어머니는 절대로 허락할 수 없다고 말하고 몹시 울었다. 그래서 로비나는 어머니와 타협하여 음악가가 되기로 약속했다. 어머니가 성악가였기 때문에 그녀는 집에서 음악 수업을 시작했다. 인쇄업을 하고 있던 아버지로부터는 그래픽 디자인을 배웠다. 그 무렵부터 그녀는 재즈 음악에 빠져들었고, 흑인 재즈 연주가들을 숭배하게 되었다. 사춘기가 되어 감수성이 예민해지면서 그녀는 왜 세상은 괴로움으로 가득한가를 놓고 고민하기 시작했다. 스무 살이 되었을 때 그녀는 교회에 가는 것을 그만두었다. 남자친구를 만들었고, 히피가 되어 마리화나를 피우기도 했다. 그때 그녀

는 자신은 아마도 남편과 아이들 혹은 집이나 어떤 소유물을 갖게 되는 일은 결코 없으리라는 생각을 했다. 그리고 1967년 스물세 살이 되었을 때 음악을 공부하기 위해 런던으로 떠났다.

그러나 넘치는 에너지는 그녀가 조용히 공부를 계속하도록 내버려두지 않았다. 또한 그녀의 열정적인 기질은, 당시 모든 새로운 운동의 중심이던 유럽의 시대적 상황에 자극을 받았다. 그녀는 처음에는 히피가 되었고, 다음에는 공산주의자가 되었고, 그 다음에는 흑인 인권 문제에 관련된 정치운동에 뛰어들었다. 그리고 나서 그녀는 페미니스트 레즈비언이 되었다. 그녀는 언제나 급진적이었고, 자기 자신을 완전히 헌신했다. 1973년, 그녀는 오스트레일리아의 페미니스트 운동에 가담하기 위해 본국으로 돌아왔다. 그녀의 어머니는 대단히 실망하여 처음에는 몹시 울었다. 그러나 그 다음날 그들은 아무 일도 없었다는 듯이 웃으면서 지난 일들을 이야기했다. 그들은 언제나 좋은 친구였다. 10년간의 극단적인 생활 후, 그녀는 뭔가 다른 것을 찾기 시작했다. 그녀는 중국무술, 태권도, 가라테 등을 차례로 배웠다. 그러던 어느 날 가라테 연습을 하다가 발을 다쳐 한동안 아무것도 할 수 없게 되었다. 그녀는 그때 처음으로 내면의 세계로 눈을 돌렸고, 정신적인 것을 추구하기 시작했다.

1976년 6월, 로비나는 오스트레일리아에 강연을 하러 온 옛세 라마(1935~1984)와 그의 제자 조파(Zopa) 라마를 만났다. 옛세 라마를 보는 순간 그녀는 "바로 이거야! 내가 그토록 찾아 헤매던 것을 드디어 찾았어!"라고 생각했다. 그녀의 마음은 행복으로 가득했고, 모든 방황이 끝나고 자유로워졌음을 느꼈다. 그녀가 옛세 라마에게 다가가 "당신은 나의 라마입니다"라고 말하자, 그는 웃으면서 "알고 있소"라고 말했다. 그녀는 퀸랜드에서 하고 있던 그의 강의에 참석했고, 그후 곧바로 불교 공부를 시작했다. 그러나 그녀는 괴로워서 미칠 것만 같았다. 왜냐하면 급진적인 페미니스트인 그녀는 그때까지 모든 남자를 미워해왔기 때문이었다. 그녀의 프라이드는 여지없이 무너졌고, 자신에게 몹시 화가 났다. 그러나 자신의 마음속에서 일어나는 변화를 인정하지 않을 수 없었다. 티베트 불교와 인연을 맺게 된 그녀는 자연스럽게 달라이 라마를 알게 되었고, 그의 사상과 인품에 크게 감화되었다. 출가의 길 외에 다른 삶의 방법을 찾을 수 없었다. 1977년, 마침내 그녀는 갤로그 파에 출가했고, 이듬해 옛세 라마를 스승으로 식차마나(8계를 지키는 사미니)가 되었다. 그리고 3년 전 LA의 한 베트남 사원에서 비구니계를 받았다.

처음 네팔의 수도 카트만두의 코판 수도원에서 살 때 그녀는 "도대체 불교는 어디에 있는가?"라고 생각했다. 승려들(비구와 식차마나)의 생활은 전혀 규율이 없어 보였고, 오히려 태만해 보이기조차 했다. 그러나 오래지 않아 그녀는 그들의 관심은 언제나 내적인 것에 있다는 것을 알게 되었다. 대중 공동생활은 그녀에게 대단히 힘든 것이었다. 그녀는 야생마처럼 이리저리 뛰어다니며 일을 저질렀다. 옛세 라마는 "너의 마음은 아무것도 잘못된 것이 없어. 단지 행동이 그럴 뿐이야"라고 그녀를 다독거렸다. 출가하고 나서 얼마 후 그녀는 코판 수도원에서 지혜출판사(Wisdom Publications)를 창설하여 티베트 불교에 관한 책자를 만들기 시작했다. 그리고 1978

년부터 87년까지는 영국에서 그 일을 계속 했다. 지혜출판사는 그 후 다른 멤버들에 의해 대표적인 불교 출판사의 하나로 발전해갔고, 그녀는 미국으로 터전을 옮겨 활동하기 시작했다. 그녀는 미국 각지에 있는 대승불교 보존 재단의 센터들을 돌면서 강의를 했다. 그리고 1995년부터는 이 재단의 뉴스 잡지인 『만다라』의 편집인으로 일하고 있다.

로비나가 말했다.

"나는 출가 이후 한 번도 내 삶의 방식에 대해 회의해본 적이 없어요. 내겐 가장 완벽한 길이죠."

그후 나는 그녀가 강의를 하는 날이면 그녀를 보기 위해 곧잘 츠첸링 센터를 방문하곤 했다. 우리는 여러 가지 일들을 화제에 올렸다. 그녀와의 대화는 결코 싫증나는 일이 없었다. 또한 나는 그녀의 폭넓은 활동과 넘치는 정열에 감탄을 금할 수가 없었다. 그녀는 순회강연과 편집일말고도 많은 활동을 하고 있었던 것이다. 그중 하나가 정기적으로 교도소를 방문하는 일이었는데, 그녀는 그곳의 한 남자 재소자와 각별한 친구 사이가 되어 있었다. 츠첸링 센터에는 홈리스들과 대화 시간을 갖는 프로그램이 있었는데, 그녀는 이 일에도 열심이었다. 그리고 언젠가 내가 한국인들이 티베트 불교에 대한 이해가 부족한 것이 유감이라고 말하자, 그녀는 "그래요? 한국에 대승불교 보존 재단의 분원을 하나 세우면 어떨까요?"라고 거침없이 말했다. 내가 반색을 하며 "그것 참 좋은 생각이군요!"라고 말하자, 그녀는 그 일이 실행된다면 자신이 돕겠노라고 망설임

없이 말했다.

어느 날 우리는 달라이 라마에 대해 이야기했다. 로비나가 말했다. "그는 온 세상의 라마예요. 그를 만나는 사람들은 누구나 그에게서 교훈을 얻고, 그가 자유의 상징이라는 인상을 받지요." 나는 그 말에 동의했다. 그 무렵 책에서 읽은 것이 기억났다. 동서독을 갈라놓고 있던 장벽이 무너지던 날, 달라이 라마는 그곳에 갔었다. 그가 허물어진 벽 앞에 서자 한 부인이 그에게로 다가와 빨간 초를 건네주었다. 그가 초에 불을 붙이자 사람들이 모여들어 그를 겹겹이 에워쌌다. 그는 자비와 지혜의 불빛이 온 세상을 밝혀서 모든 압박과 공포의 어둠이 하루빨리 사라지기를 기도했다. 폴란드의 어느 성당에 초대되었을 때도, 체코슬로바키아를 방문했을 때도, 그를 환영하는 사람들은 모두 눈물을 글썽이고 있었다. 그것은 자유와 평화를 옹호하는 그의 순수한 정신이 그들의 마음에 전해졌기 때문이었다.

내가 말했다.

"그는 우리 모두의 보배예요."

그러자 로비나도 "맞아요! 맞아요!" 하고 맞장구를 쳤다.

또한 나는 달라이 라마의 유머러스한 표현법을 대단히 좋아했다. 어느 강연에서 그는 자비에 대해 이렇게 이야기했다.

"세상에서 가장 중요한 것 중의 하나가 '자비'입니다. 우리는 그것을 뉴욕의 큰 상점에서 살 수 없으며, 기계로 만들어낼 수도 없습니다. 자비는 내적 발전에 의해서만 얻을 수 있습니다. 그렇습니다! 내적 평화 없이 세계평화는 불가능하지요."

누군가가 그에게 불교가 최고의 종교냐고 묻자 그는 이렇게 대답했다. "나는 불교가 최고라고 생각한다. 그러나 그것은 나에게 최고일 뿐이며, 다른 사람에게는 다른 것이 최고일 수 있다."

그해 여름 영화 〈티베트에서의 7년〉이, 그리고 겨울에는 〈쿤둔〉이 차례로 세상에 선보였다. 〈티베트에서의 7년〉은 오스트리아 등반가인 하인리히 하러의 회고록을 영화화한 것으로, 소년 달라이 라마와 맺은 그의 우정이 아름답게 그려져 있었다. '쿤둔'은 달라이 라마의 다른 이름으로, '존재 presence'라는 뜻이다. 영화 〈쿤둔〉은, 달라이 라마의 삶을 탄생에서부터 인도 망명까지 리얼하게 묘사한 것이었다. 이 영화들을 통해서 나는 달라이 라마의 성장 과정, 티베트 불교의 전통, 티베트 민족의 삶과 문화, 그리고 중국의 침략으로 그 모든 것이 무참히 파괴되는 것까지 생생하게 볼 수 있었다. 무구한 티베트의 사람들과 아름다운 문화가 무력에 의해 여지없이 짓밟히는 장면과, 티베트를 등지고 인도 망명길에 오른 청년 달라이 라마의 참담한 모습을 보면서 나는 울고 또 울었다. 영화를 통해서 달라이 라마와 재회한 나는 그에 관한 책들을 열심히 읽기 시작했다.

사람들이 티베트를 말할 때 달라이 라마를 이야기하고, 달라이 라마를 생각할 때 티베트와 티베트 민족과 티베트 불교를 함께 떠올리는 이유를 비로소 알 수 있었다. 달라이 라마에게 티베트는 존재 이유이며, 티베트인에게 달라이 라마는 그들이 가진 모든 것이었다. 그러나 달라이 라마의 자비와 사랑이 티베트와 티베트인에게만 국한된 것은 결코 아니었다. 그의 수행 목적은 모든 존재에 대해 평등한 자비의 실천이었다. 그것은 인종과 종교를 초월한 것일 뿐 아니라, 그의 나라를 빼앗은 그의 적과, 인간 이외의 모든 생명을 포함한 지구 전체 또는 우주 전체로 확산된다. 내게 그의 존재는 '보살'의 개념이 허구가 아니라는 것을 입증해주는 산 표본이었다. 보살은 원래 대승불교와 함께 나타난 개념으로, '스스로 깨달음을 추구하면서 다른 모든 생명들도 괴로움에서 벗어나 깨달음에 이를 수 있도록 돕는 대승불교의 이상적인 수행자상'을 말한다. 그 대표적인 존재가 관세음보살이다. 나는 오랫동안 관세음보살을 나의 이상으로 생각하고 있었다. 그러나 달라이 라마의 삶을 알기 전까지 그것은 비현실적인 허구의 존재였다. 달라이 라마는 관세음보살의 삶이 미래의 생이 아닌 바로 이 생에서의 나의 삶이 될 수 있음을 일깨워주었다.

게다가 나를 더욱 감동시킨 것은, 무차별한 그의 사랑의 정신은 아무리 특이한 삶의 방식도 존중하며, 어떠한 과격한 주의주장에도 귀를 기울인다는 점이었다. 동성애자들에 대한 그의 이해와 옹호는 많은 사람들이 동성애자에 대한 편견을 수정하는 데 도움을 주었다. 그는 또한 과격한 페미니스트들의 말에 귀기울이고 성(性)에 따라 차별하는 불교계의 현실을 인정함으로써, 페미니스트들의 반감을 완화시켰다.

어느 날 로비나와 나는 티베트에서의 사미니의 위치에 대해 이야기했다. 티베트에는, 타이완과 한국을 제외한 대부분의 불교국이 그렇듯이, 사미니만 있을 뿐 비구니는 존재하지 않는다. 그것은 인도에서 대승불교가 성립하기 이전에 비구니 교단이 이미 멸망했고,

츠첸링 센터의 법회실

그 결과 비구니는 대를 잇지 못했다는 이유 때문이었다. 나는 『첨단의 여성불자들』에서 읽은 투브텐 비구니(그녀는 타이완 교단에서 비구니계를 받았다)의 말을 기억했다. 티베트 교단에서 수행하면서 그녀가 가장 화가 난 것은 비구들이 누리는 특전에 비해 턱없이 낮은 사미니들의 위치였다. 비구 스님들은 사미니들보다 더 나은 교육과 재정적 원조와 더 큰 존경을 받고 있었다. 반면 사미니들에게는 어떠한 혜택도 없을 뿐 아니라, 집회나 의식 때조차 항상 맨

뒷자리에 앉아야 한다는 것이었다. 나는 로비나에게 그것이 사실이냐고 물으며 항의했다. 그녀는 사실이라고 대답했다. 그러나 많은 라마들이 그러한 차별을 알고 있으며, 특히 달라이 라마는 그러한 불평등한 현실과 사미니들이 가지고 있는 악조건을 개선하기 위해 최선을 다하고 있다고 덧붙였다.

1998년에 접어들면서 로비나는 몹시 바빠졌다. 『만다라』의 출판과 동부에서의 강의 스케줄이 겹치게 되었던 것이다. 그래서 한동안 그녀를 만나지 못했다. 귀국 날짜가 가까워오자 그녀에게 연락이 닿지 않는 것이 조금 초조하게 느껴졌다. 전화를 걸어 자동응답기에 메시지를 남겨놓아도, 전자우편을 보내도 그녀에게서는 아무런 응답이 없었다. 그러던 3월의 어느 목요일 겨우 그녀와 통화가 이루어졌고, 저녁에 츠첸링 센터에서 강의하러 나온 그녀를 볼 수 있었다. 우리는 반가운 재회를 했지만, 함께 이야기를 나눌 시간은 없었다.

그녀를 마지막으로 본 것은 내가 버클리를 떠나기 3일 전 그녀가 강의하러 시카고로 떠나던 날 아침이었다. 그녀는 아침 아홉시에 오클랜드 공항에서 출발하는 비행기를 타야 했고, 그전에 내게 작별인사를 하기 위해 새벽부터 차를 달려 버클리로 왔다. 우리는 함께 아침 식사를 하러 오클랜드의 한 카페로 갔다. 캐이럽 부부와 함께였기 때문에(나는 그들을 그녀에게 소개하고 싶었다), 그녀와 개인적인 이야기를 나누지는 못했다. 그날 아침에도 그녀의 말과 행동은 어찌나 빠른지 마치 구르는 돌 같았다. 이야기에 열중하던 그녀에게 우리가 떠날 시간이 되었다고 알려주었다. 그녀는 어느새 일어나 카페 밖에 나가 있었다. 그녀가 갑자기 생각났다는 듯이 가방 안에서 카타(하얀 실크로 만든 긴 머플러)를 꺼내더니 내 목에 걸어주었다. 그리고는 깊이 나를 포옹하고 눈물을 글썽이며 작별인사를 하는가 싶더니 금세 차에 올랐고, 곧 달리기 시작하여 순식간에 거리에서 사라지고 말았다. 나는 너무나 섭섭하여 그녀의 차가 사라진 쪽으로 몇 번이나 눈길을 주었다. 그녀는 그렇게 바람처럼 날아가버렸다.

하지만 슬프지는 않았다. 카타의 의미를 알고 있었기 때문이다. 떠나는 이의 목에 카타를 걸어주는 것은 티베트의 전통이다. 그것은 화해와 융화의 표시이며, 돌아올 것을 기원하는 의미를 함축하고 있다. 나는 로비나와의 재회는 물론, 내가 그렇게도 만나기를 열망하던 한 위대한 존재—달라이 라마—와의 재회도 굳게 믿고 있었다.

*

티베트 불교와 달라이 라마에 대한 이해를 돕기 위해 약간의 설명을 덧붙이고 싶다.

티베트 불교는 전통적으로 네 개의 종파로 나뉘어 발달해왔다. 티베트에 처음 불교가 전해진 것은 8세기의 일이었다. 몇몇 인도인 불교학자의 전도와 그것을 받아들인 한 국왕에 의해 이루어진 일이었다. 최초의 불교 전파는 9세기 중엽에 일단 막을 내렸다. 이때 성립된 종파가 닝그마 파이다. 그러다가 11세기에 다시 불교가 부흥을 맞았다. 인도의 대부분의 불교 경전, 특히 후기 대승 경전이 거의 완벽하게 티베트어로 번역되어 방대한 티베트 대장경이 성립된 것이 바로 이때의 일이다. 카규 파와 사크야 파가 성립한 것도 그 무렵의 일이다. 그리고 14세기 말에 갤로그 파가 탄생하는데, 이 종파의 설립자인 총카파는 티베트 불교에서 가장 중요한 인물로 꼽히고 있다. 그는 모든 전통을 하나의 교리 체계로 재조직하였고, 간댄 사원을 비롯한 거대한 사원들을 건립하였다.

'달라이 라마'란 '대양과 같은 지혜를 가진 스승'이란 뜻으로, 16세기에 칭기즈칸의 후예인 몽고의 한 왕자가 갤로그 파의 제3대 종정에게 수여한 명예 칭호였다. 이것은 또한 달라이 라마가 정치에 관여하게 된 동기이기도 하다. 제5대 달라이 라마는 강력한 지도력의 소유자로서 티베트 전역의 통치권을 잡았고, 티베트 국민의 정신적 정치적 지도자로 추앙받았다. 이후 달라이 라마는 환생(還生)을 거듭하면서 달라이 라마의 역할을 계속하는 것으로 믿어왔다.

현재의 달라이 라마(제14대)인 텐진 갓소 스님은 1935년 티베트의 북동부에서 태어났다. 1937년 13대 달라이 라마의 환생임이 확인되었고, 1940년 달라이 라마의 자리에 올랐다. 1950년 열다섯 살 되던 해 티베트는 중국의 침략을 받았고, 1959년 인도로 망명했다. 그는 곧 인도 서북부의 다람살라에 티베트 망명정부를 수립하여, 티베트의 독립과 10만 난민의 정착을 위해 모든 노력을 다했다. 그의 비폭력 평화주의와, '우주적 책임감'으로 표현되는 자비 정신은 1989년 그가 노벨 평화상 수상자가 되게 했다.

　티베트 불교를 알려고 할 때 환생의 의미를 이해하는 것은 가장 중요한 일 중 하나일 것이다. 불교의 윤회사상에 의하면, 모든 생명은 깨달음을 얻어 윤회의 세계에서 벗어날 때까지, 여러 가지 삶의 형태로 재생을 거듭한다. 그러나 환생은, 재생과는 달리, 이미 오랜 생 동안 수행을 쌓은 사람이 자기가 맡은 일, 즉 모든 고통받는 생명들을 돕고자 하는 자신의 사명을 계속하기 위하여 자기의 삶을 선택하여 나시 태어나는 것을 말한다. 티베트와 달라이 라마의 경우, 다른 어떤 불교국보다도 환생 현상이 뚜렷한 것은, 국민을 돕고자 하는 달라이 라마의 원력(願力)과 그것에 대한 티베트 국민의 믿음이 확고하기 때문이라고 나는 생각한다.

수학도 에릭의 선 수행

만약 우리가 진실로 행복할 수 있다면 언젠가는 온 세상을 행복하게 할 수 있지 않겠어요? 이게 바로 선의 길이라고 생각하는데요. 안 그런가요?

미국의 불교도들에게서 받은 인상을 한마디로 말하라고 한다면 '신선하다!'라고 표현할 수 있을 것이다. 그것은 불교를 받아들이는 그들의 마음이 너무나 진지하고 순수하기 때문이다. 일찍이 일본의 선승 고(故) 스즈키 노사는 미국인들에게서 초심자의 자세를 발견하고 그들에게 선(禪)을 가르칠 것을 결심했다고 한다. 그들은 선에 대한 선입견이 없고 개방적이며, 선 수행이 자신들의 삶에 도움이 될 것이라고 굳게 믿고 있음을 노사는 간파했던 것이다. 전형적인 미국 청년인 에릭 그린은 내가 미국에서 만난 가장 젊은 불자였다. 나는 그에게서 초심자의 모습을 보았다. 선에 대한 그의 열정은 봄의 신록과도 같은 신선함을 느끼게 했고, 자칫 타성에 젖으려는 나를 자극했다.

에릭을 만난 것은 내가 가끔 토요 정기법회에 참석하곤 했던 버클리 선(禪) 센터에서였다. 선 센터에 모이는 사람들의 대부분이 30대에서 50대 사이인 데 반해 그는 20대 초반쯤으로 보였다. 큰 키와 뒤로 묶은 검은 머리카락이 유독 내 눈에 띄었다. 게다가 그곳에서의 그의 움직임으로 보아 그가 단지 법회에 참석만 하는 멤버는 아닌 듯했다. 법회 때 30분간의 좌선 후, 10분간 도량을 걸을 때, 그가 행렬 맨 앞에 서서 사람들을 리드하는 것을 본 적이 있었기 때문이다. 강의를 듣고 선방 밖으로 나오면, 그는 어느 틈에 나왔는지 정원 한쪽 책상 위에 불교서적을 진열해놓고 사람들에게 설명을 하기도 하고 팔기도 하는 것이었다. 한번은 평일 저녁 예불에 참석하기 위해 선 센터에 간 적이 있었는데, 그때 그는 선방에서 몇몇 사람들과 함께 반야심경을 읽고 있었다. 두드러진 바리톤 음성으로 그임을 이내 알 수 있었다. 나는 이 젊은 불교도에게 강한 호기심을 느꼈다.

어느 토요일 법회가 끝난 후, 나는 정원 한쪽에서 책을 진열하고 있는 그에게 다가가 말을 걸었다. 내가 어떤 책에 대해 질문을 하자 그는 친절하게 대답해주었다. 나는 기회를 보아 그에게 내 소개를 했다. 나는 UC 버클리의 객원연구원 자격으로 버클리에 체재하고 있는데, 미국불교와 미국불교도에게 대단히 흥미를 느끼고 있다고. 그랬더니 내가 다른 사람들과 이야기하는 것을 듣고 이미 알고 있었다는 것이다. 나는 그의 이야기를 듣고 싶다고 했다. 그러자 그는 놀란 목소리로 "내 얘기를?" 하고 반문했다. 그리고 잠시 생각에 잠기는 듯하더니 "오케이" 하고 밝게 대답했다. 예상대로 그는 UC 버클리 학생이었고 수학을 전공한다고 했다. 그의 수업이 비는

때로 날을 잡아 캠퍼스 근처의 카페 스트라다에서 만나기로 약속했다.

늘 그렇지만 카페 스트라다는 대단히 붐비고 있었다. 서울의 4월과도 같은 버클리의 2월은 온통 봄기운으로 가득했고, 카페는 학기초의 바쁜 대학생들로 넘치고 있었다. 카페에 나타난 에릭은 청바지에 반소매 티셔츠를 입고 있었고 한쪽 어깨에는 색을 걸치고 있었다. 나를 발견하자 그는 밝은 웃음과 시원시원한 태도로 내게 다가왔다. 진지한 선 수행자라기보다는 젊음이 넘치는 대학생의 모습이었다. 카페 안에 앉아 있는 내게 그는 바깥 자리에 앉지 않겠느냐고 물었다. 우리는 무언가를 읽거나 쓰거나 혹은 이야기를 나누고 있는 학생들로 가득한 베란다의 둥근 테이블 하나를 차지하고 앉았다. 자리에 앉자마자 그가 말했다.

"실은 난 할 얘기가 별로 없어요. 내 인생이 아직 너무 짧기 때문이죠. 나는 (만으로) 열일곱 살에 고등학교를 졸업하고 대학에 왔고, 지금 스무 살이고 대학 사학년이죠. 그게 다예요."

그의 말에 나는 그만 하하하 웃어버렸다. 그리고는 어쨌든 그의 말을 끄집어내기 위해 "좋아요, 그럼 학교생활에 대해 얘기해봐요"라고 말했다.

그는 워싱턴에서 고등학교를 다녔는데, 대단히 우수한 학생이었다. 성적이 뛰어난 학생들이 대부분 그렇듯 그는 꽤 오만했었다. 그러나 그에게는 항상 좋은 친구들이 있었고 사람들과도 잘 어울렸다. 버클리에서의 생활 또한 대단히 만족스럽다고 했다. 학교생활도 즐겁고 여자친구도 있고, 무엇보다도 그는 버클리에서의 삶 자

체를 좋아한다면서 말이다. 그는 버클리는 미국의 축소판 같은 곳이지만, 다른 어떤 곳보다도 독특하다는 말도 했다. 내가 버클리는 아마도 세상에서 가장 멋있는 도시 중의 하나일 거라고 말하자, 그는 기꺼이 그 말에 동의했다. 그리고는 자기가 버클리를 좋아하는 또다른 이유는 버클리 선 센터가 있기 때문이라고 덧붙였다.

그는 고등학교 시절부터 독서를 좋아했다. 특히 불교에 관심이 있었다. 그가 읽은 책으로는 앨런 와츠의 『선(禪)의 길 The Way of Zen』, 세키다의 『선 수행 Zen Training』, 캐플러의 『선의 세 기둥 Three Pillars of Zen』과 같은 것들이었다.

그는 말했다.

"상상할 수 있을 거예요. 고등학생의 선에 대한 관심이 어떤 것인지. 일종의 비뚤어진 지성, 또는 유쾌한 철학 같은 것이었죠."

그는 때때로 자기 방에서 좌선 자세로 앉기도 했지만, 실은 선이 무엇인지 몰랐다. 미국에 불교가 있는지, 선 센터가 있는지조차 모르고 있었다. 그의 불교에 대한 심취는 그야말로 자신도 모르는 사이에 일어난 전환과도 같은 것이었다. 어느 날 '아니, 잠깐! 내게 지금 무슨 일이 일어나고 있는 거지?' 라고 생각했을 때 그는 이미 선의 세계에 매료되어 있었다.

그의 얘기를 들으면서 내 머릿속에는 여러 가지 궁금증이 다투어 일어났다. "뿌리깊은 기독교 문화 속에서 성장했을 텐데 어떻게⋯⋯"라고 내가 말을 꺼내자, 즉시 "아니오. 그렇지 않아요"라는 대답이 돌아왔다. 놀랍게도 그는 교회에 간 적도 없을 뿐 아니라, 집에서 크리스마스 트리를 만들어본 적도 없다는 것이었다. 그의 아버지는 물리학자로서 메릴랜드 대학에서 강의하고 있는데, 삶이나 우주에 대해 지극히 논리적이고 합리적인 시각을 갖고 있었다. 결혼하기 전에 간호사로 일했던 어머니나 고등학생인 여동생에 이르기까지 그의 가족은 모두 비종교적인 세계관을 갖고 있었고, 그래서 그의 집에서는 어떠한 종교적 행위도 행해진 적이 없었다.

나는 그의 선(禪) 수행에 대해 부모님이 어떻게 생각하시냐고 물었다. 그의 부모님은 대단히 개방적이어서, "오 마이 갓! 네가 참선이란 걸 한다구?"라고 말하지는 않았다. 그가 자기 어머니에게 버클리 선 센터에 들어가서 생활하고 싶다고 말했을 때도 그녀는 아무렇지도 않게 "오케이"라고 말했다. 그녀는 자기 아들이 진실로 행복하기를 원하는 사람이었다. 아버지는 어머니와는 조금 달랐다. 에릭이 처음 아버지에게 선 수행에 대한 자기 생각을 말했을 때 아버지는 그다지 즐거운 표정이 아니었다. 이어 그는 아들의 장래 문제와 커리어에 대해 언급했다. 그는 자주 아이들에게 자기 의견을 이야기하지만, 끝에 가서는 늘 본인 의사에 맡긴다는 말을 덧붙이는 그런 분이었다. 이야기를 듣고 있던 내가 "에릭은 참 행복한 사람이로군요"라고 말하자, 그는 "그것은 아마도 좋은 카르마(karma : 업業이라 번역함. 인간의 행위, 또는 그 행위가 뒤에 어떤 결과를 초래하는 것) 때문일 거예요"라고 대답했다.

그의 가정과 같은 비기독교적인 가정은 아마도 미국사회에서는 예외일지도 모른다고 생각되어 그의 친구들의 경우는 어떠냐고 물었다. 그의 대답은 '미국은 기독교 국가'라는 고정관념을 갖고 있는 나를 어리둥절하게 만들었다. 대부분의 미국 젊은이들에게는 종교가 없다는 것이었다. 개중에는 물론 성실한 기독교인도 있지만, 30세 이하의 사람이 신앙생활을 하는 경우는 매우 드물다. 종교인구 조사를 할 때는 실제와는 상관 없이 90퍼센트 이상이 기독교도인 것으로 나타나지만 말이다. 일본의 예를 떠올리자 그가 하는 말이 이해가 되었다. 대부분의 일본인들은, 특히 젊은이들은, 장례식 때를 제외하고는 절에 가는 일이 없다. 그러나 종교인구 조사에 응할 때면 저항 없이 불교도가 되는 것이다.

에릭이 말했다.

"오백 년 혹은 천 년 후에는 한국을 비롯한 아시아의 여러 나라들은 기독교국이 되고 미국은 불교국이 될지 누가 알아요?"

버클리에 오기 전에 그는 미국에서의 선(禪)에 관한 책들을 읽다가 '샌프란시스코 선 센터'라는 이름을 발견했다. '와우! 미국에도 선 센터가 있다구?' 그는 놀라움을 금치 못했다. 그는 버클리에 오자마자 샌프란시스코 선 센터에 전화했고, 버클리에도 선 센터가 있다는 것을 알게 되었다.

"그것은 행운이었죠. 좋은 카르마였음이 틀림없어요!"

에릭은 기쁨으로 두 눈을 반짝이며 말했다. 그가 처음 버클리 선 센터에 간 것은 새벽 다섯시 삼십분, 선 센터의 일과가 시작되는 시간이었다. 예불이 시작되었다. 사람들은 일본식으로 염불을 하고 절을 했다. 참으로 기묘하다는 생각이 들었다. 그러나 다리를 포개고 앉아 좌선하는 것은 납득이 갔고 자기도 그것은 할 수 있을 거라는 생각이 들었다. 그때까지 그는 선방(禪房)에 한 번도 들어가 본 적이 없었지만 그날 본 모든 것들을 아무런 위화감 없이 받아

버클리 선 센터의 응접실에서 자신이 만든 소 가사를 목에 걸고 있는 에릭

들일 수 있었다. 그 동안 책을 읽으면서 그의 내부에서 자연스럽게 성숙해온 무엇인가가 있기 때문일 거라고 그는 생각했다.

그날 이후 6개월 동안 그는 매일 아침저녁으로 선 센터에 가서 한 시간씩 좌선을 했다. 집에서도 틈만 나면 다리를 포개고 앉았다. 6개월간만 열심히 한다면 깨달음을 얻을 수 있을 것이라고 생각했고, 꽤 자신만만했었다. 그러나 6개월이 지난 후, 그것은 단지 시작에 불과했다는 것을 알게 되었다. 그후 그는 어떠한 목적이나 의도 없이 좌선하는 것 자체를 좋아하게 되었다. 바깥 세상을 배회하느니, 앉아서 내면세계를 관조하는 편이 낫다고 생각했기 때문이었다. 선 센터의 여러 가지 의식들에도 익숙해졌다. 어떤 일을 특정한 방식으로 하는 데는 무언가 이유가 있다고 납득하게 되었기 때문이었다. 그는 하루에 한 번 혹은 두 번, 선 센터의 좌선 시간에 참석하고 있는데, 저녁보다는 아침에 좌선하는 것을 더 좋아한다고 했다.

에릭이 버클리 선 센터를 좋아하고 또 선을 계속하게 된 데는 선 센터 주지인 멜 위츠맨의 영향이 큰 것 같았다. 에릭은 한 달에 한 번 정도 멜과 면담 시간을 가졌다. 다른 사람들은 어떤 문젯거리를 가지고 멜을 찾아가는 일이 많았지만, 에릭은 인생 경험이 별로 없고 대체로 순탄하게 살아왔기 때문에 그런 유의 이야깃거리는 별로 없었다. 그는 그저 선에 대한 기본적인 질문들을 하곤 했다. 때로는 '우리가 살아가는 목적은 도대체 무엇인가' 같은 짐짓 심각한 문제들을 거론하기도 했다. 멜은 말을 많이 하지 않고, 주로 사람들의 말을 들어주는 편이었다. 사람들에게 어떻게 하라거나 무엇이 옳다는 말을 하는 대신, 스스로 해답을 찾도록 도와주는 역할을 했다. 에릭은 그러한 멜과 이야기하는 것을 대단히 좋아했다. 그는 멜을 성숙한 스승이며 귀여운 노인이라고 생각하고 있었다.

한번은 에릭이 같은 학교에서 사회학을 전공하고 있는 자기 여자친구를 선 센터의 정기법회에 데리고 간 적이 있었다. 그녀는 에릭에게 일본사람이 되고 싶냐고 묻더니 두 번 다시 선 센터에 따라오지 않았다. 그러나 선에 대한 그의 열정에 대해서는 긍정적이고 협조적이었다. 에릭이 말했다.

"그녀는 세상을 구원하고 싶다고 해요. 그게 그녀의 꿈이죠. 나도 역시 세상을 구원하고 싶어요. 우린 서로 다른 방법을 택하고 있을 뿐이죠. 나를 행복하게 하는 것이 곧 남을 행복하게 하는 것이고, 만약 우리가 진실로 행복할 수 있다면 언젠가는 온 세상을 행복하게 할 수 있지 않겠어요? 그 이상의 것이 또 있을까요? 나는 이것이 바로 선의 길이라고 생각하는데요. 안 그런가요?"

"맞아요!"

나는 대답했다.

졸업 후 무엇을 할 예정이냐고 묻자, 그는 "좌선이요!"라고 대답했다. 나는 하하하 웃고 나서, "훌륭한 생각이에요. 하지만 생활을 해야 하잖아요"라고 말했다. 그는, 만약 여자친구가 동의한다면 결혼을 하여 가정을 꾸릴 생각도 있다. 아니면 타사하라 선 센터(미국 최초의 선 수도원)에 들어가서 몇 년간 수행에 몰두할까 싶기도 하다고 말했다. 슈퍼마켓 같은 곳에서 일해도 좋고, 그것이 아니더라도 적당한 일자리를 찾을 수 있을 것이라고 덧붙였다. 요컨대, 선 수행을 계속할 수 있다면 어떤 일을 해도 상관없다는 이야기였다.

내가 물었다.

"그 외에는 아무것도 중요하지 않다고 생각하나요?"

그가 대답했다.

"그렇지는 않아요. 단지 내 삶에 무엇을 우선 순위로 놓을까를 정해야 하니까요. 나는 미국식 삶이 어떤 것인지 보아왔어요. 하지만 그것은 내게는 의미가 없어요. 내가 가장 되고 싶은 것, 가장 하고 싶은 일을 발견할 수 있을 거예요. 내 인생이 너무 짧기 때문에 그것이 무엇인지 아직은 정확히 모르겠지만."

"어쨌든 선 수행이 모두 것에 선행한다는 말이군요!"

내가 감동해서 말하자 그는 웃으며 대답했다.

"예. '수행에는 끝이 없고, 깨달음에는 시작이 없다!' 스즈키 노사의 말씀이죠."

윌로우의 오계 지키기

우리는 늘 혼자인 상태를 두려워하고, 커플을 이루어야만 안정을 얻을 수 있다고 생각하죠. 미국은 성적 감정을 유발하는 사회죠. 남녀관계가 곧 성관계인 것으로 인식되고 있어요.

어느 날 내 아파트를 방문한 윌로우가 선물이 있다며 무엇인가를 꺼내 거실 탁자 위에 내려놓았다. 비눗방울 만들기 세트였다. 어린이들을 위한 놀잇감인 모양이었다. 어린 시절 이후로는 비눗방울 놀이를 해본 적이 없었다. 나는 거실 바닥에 앉아 비눗방울 만들기를 해보았다. 토큰 크기의 동그라미가 달린 막대를 비눗물에 적셔내어 조심스럽게 불었다. 비눗방울은 생각만큼 잘 만들어지지 않았다. 그러자 윌로우가 내게 시범을 보여주었다. 작은 방울들을 한꺼번에 날려보내기도 하고 길고 커다란 방울을 만들어내기도 했다. 어떤 것은 곧 사라졌지만, 어떤 것은 무지갯빛을 띠고 한동안 공중을 떠돌았다. 나는 그녀가 하는 것을 그대로 흉내내보았다. 잠시 동안의 연습 끝에 드디어 나도 여러 가지의 비눗방울을 만들 수 있게 되었다. 우리는 아름다운 비눗방울이 만들어질 때마다 탄성을 지르며 즐거워했다. 내가 비눗방울(soap bubble) 만들기에 여념이 없을 때, 윌로우가 갑자기 내게 "거품bubble 스님!" 하고 불렀다. 나는 "예스!"라고 경쾌하게 대답했다. 그리고 난 후 우리는 함께 큰 소리로 웃었다. 나는 그 말이 몹시 마음에 들었다. 머지않아 나는 거품처럼 버클리에서 사라질 것이고, 또 언젠가는 이 세상에서도 그렇게 사라질 테니까.

내가 윌로우를 처음 만난 것은 어느 일요일 아침 캐이럽의 선실(禪室)에서였다. 아홉시가 거의 다 되었을 때 여자 두 명이 선실로 들어와 재빨리 입구 쪽에 자리를 잡고 앉았다. 곧 좌선이 시작되었다. 좌선과 행선(行禪: 걸으며 하는 명상. 그들은 walking meditation이라 부른다)이 모두 끝나고 토론 시간이 되자 조용한 분위기 속에서 모두들 돌아가며 한마디씩 이야기를 했다. 갑자기 누군가가 조금 격앙된 듯한 목소리로 "저는 오늘 이곳이 처음인데요"라고 말했다. 고개를 들어 입구 쪽에 앉은 그녀를 보자, 그녀도 내 쪽을 보고 "윌로우 스탁웰이라고 해요"라며 자기 이름을 밝혔다. 그녀는 보라색 계통의 재킷과 바지를 입고 있었고, 연보라색 아이섀도와 붉은 보라색 립스틱으로 메이크업을 하고 있었다. 금발의 단발머리, 눈썹선에서 일직선으로 잘려진 앞머리, 메이크업을 한 얼굴의 조화는 표정과 동작이 없다면 마네킹으로 착각할 정도로 완벽했다. 앉은 모습만으로도 키가 큰 미인임을 알 수 있었다.

그녀는 자기 소개를 한 후 캐이럽의 선실(禪室)에 오게 된 동기를 말했다. 이삼 년 전 틱 나트 한의 저서를 읽은 후, 불교도들의 모임에 가보기로 결심을 했는데, 막상 새로운 모임에 나갈 용기가

나지 않았다고 했다. 그런데 와서 보니 캐이럽의 선실은 바로 자신이 원하던 형태의 모임이어서 대단히 기쁘다는 것이었다. 그녀의 이야기를 끝으로 토론이 끝나자, 두 사람이 자리를 뜨고 여덟 명이 남았다. 우리는 햇빛을 즐기며 점심을 먹기로 하고 베란다에 식사를 준비했다. 우리는 식사가 끝난 후에도 오랫동안 햇빛과 차와 대화를 즐기며 그곳에 앉아 있었다. 그날의 주요 화제는 지난가을 UC 산타바바라(University of Califorania at Santa Barbara)에서 있었던 틱 나트 한의 수련회에 관한 것이었다. 그들 대부분이 그 수련회에 참석했던 모양이었으나, 그들은 새로운 멤버인 윌로우의 말에 귀를 기울여주었다.

그녀는 열띤 목소리로 그때의 경험에 대해 이야기했다.

"그것은 내게는 완전히 새로운 경험이었어요! 천이백 명이라는 많은 사람들과 오 일간 같은 목적을 가지고 함께 생활한다는 것 자체가 내게는 하나의 경이로움이었어요!……"

그녀의 풍부한 표정과 드라마틱한 제스처를 보면서 나는 무대 위의 피에로를 연상했다.

그런데 그녀는 실제로 2년간 뮤직 홀에서 댄서와 싱어로 일했다는 것이었다. 거실에서 비눗방울을 만들던 날, 내가 즐거워져서 콧노래를 흥얼거리자, 그녀는 내게 노래를 좋아하느냐고 물었다. 내가 "음악감상과 노래부르기가 일종의 취미라고나 할까"라고 얼버무리자, 그녀는 반색을 하며 자기는 노래부르기도 좋아하지만 춤추는 것을 더 좋아한다고 말했다. 그녀는 네 살 때부터 춤을 배우기 시작했고, 무용을 하는 대부분의 소녀들이 그렇듯이, 발레리나가 되는 것이 꿈이었다. 고등학교를 졸업하자마자 그녀는 낮에는 오피스 걸로 밤에는 댄서로 일하기 시작했다. 가정환경이 불안정한 상태였기 때문에 경제적으로 자립하기 위해 취직을 한 것이다. 그녀는 화려한 의상에 커다란 모자를 쓰고 춤을 추기도 하고, 몸에 꼭 달라붙는 옷을 입고 남자 무용수와 함께 춤을 추기도 했다. 처음에 그녀는 무대 위에서 춤추는 것을 대단히 즐겼다. 하지만 2년 후 더이상 무대 위에서 춤추지 않겠다고 결심하고 댄서 일을 그만두었다. 뮤직 홀이란 일종의 여성 멸시 사회였다. 그녀는 무대 위에서 늘 판에 박힌 여자 역할을 해야 했다. 게다가 여윈 몸매를 유지해야 한다는 압박감은 그녀를 행복할 수 없게 했다.

　이미 여러 해 전의 일이었는데도 그녀는 그 경험을 이야기하면서 표정이 어두워졌다. 그러나 나는 '춤추는 피에로'의 모습을 연상하며 호기심 어린 눈으로 그녀를 바라보았다. 나는 그녀에게 춤을 추어보라고도 하고 춤추는 것을 가르쳐달라고도 하면서 재미있어했다. 그녀는 그런 나의 반응에 즐거워하면서, 불교의 계율에 '춤추지 말라'는 것은 없느냐고 물었다. 나는 조금 시무룩해져서 사실은 그런 계율이 있다고 대답했다. 그러자 그녀는 "너무했어요!"라고 소리치며 애석한 표정을 지어 보였다. 우리는 함께 큰 소리로 웃었다.

　버클리에 온 직후 나는 한 학기 동안 I-하우스에서 살았었다. 그곳은 600여 명의 기숙생을 수용하고 있었는데, 그중 반 이상이 전세계 70여 개 국에서 온 유학생들이었다. 그곳에서 나는 실로 다양한 경험을 했는데, 그중 하나가 댄스 파티에 갔던 일이었다. 처음에는 무척 어색하게 여겨졌지만, 상황에 잘 적응하는 나의 성향은 거기서도 제 몫을 발휘했다. 내가 리듬에 맞추어 몸을 조금씩 움직여주기만 해도 사람들은 기뻐했다. 그때 나는 춤추는 것이 얼마나 즐거운 일인가를 처음 알았다. 아파트 생활을 시작한 후, 며칠이고 두문불출하며 읽고 쓰는 일만 계속할 때, 주로 거리를 산책하는 것으로 기분전환을 했지만, 아주 가끔은 혼자 춤을 추는 것으로 몸과 마음의 긴장을 풀기도 했다. 어두워지기 시작한 방에 볼리비아 음악이나 레게 음악을 크게 틀어놓고 리듬에 맞추어 아무렇게나 팔다리를 흔들었다. 그것은 춤인지 체조인지 모를 몸짓이었다. 윌로우에게 이 이야기를 했더니 그녀는 기꺼이 내게 춤추는 것을 가르쳐주었다. 물론 그녀의 아름답고 유연한 동작들을 흉내낼 수는 없었지만, 그날 저녁은 그녀와 나 둘만의 파티였다.

　윌로우는 쾌활하고 활달한 여자였다. 그러나 그녀의 어린 시절은 결코 밝지 않았다. 아버지가 알코올 중독자였기 때문이다. 그녀의 아버지는 냉난방 시스템 설치 회사를 경영하고 있었고, 그녀의 어머니는 남편을 도와 그 일을 함께 하고 있었다. 그녀의 아버지는 언제부터인지 술을 마시지 않고는 견디지 못하게 되었고, 인격도 변해갔다. 알코올만 들어가면 선량하던 평소의 모습은 온데간데없이 사라지고, 거친 말과 행동으로 온 가족을 불안으로 몰아넣었다. 윌로우와 그녀의 남동생은 아버지에 대한 공포와 불신을 키우며 살아야 했고, 집에 있는 것이 불안한 날이 늘어갔다. 아버지에 대한 어머니의 애정도 식어버렸고 성격까지 변해갔다. 게다가 아버지의 폭음은 사업에도 영향을 미쳐서 그녀와 그녀의 가족은 불안정한 생활을 감내해야 했다. 그녀는 어린 시절부터 음주의 폐해를 너무도 잘 알고 있었던 것이다.

성인이 된 후에는 친구들과 어울려 술을 마셔야 하는 일이 자주 있었다. 그때 그녀는 알코올이 사회 전반에 얼마나 깊이 침투해 있는가를 알고 대단히 놀랐다. 또한 많은 사람들이 음주운전으로 인해 한순간에 불행 속으로 빠져드는 것을 뉴스를 통해 수없이 보았다. 그래서 그녀는 자신만이라도 술을 마시지 않으려고 노력했다. 하지만 결코 쉬운 일은 아니었다. 나중에 불교의 오계(五戒) 중에 '불음주(不飮酒)'가 포함되어 있다는 것을 알고 그녀는 굉장히 기뻐했다. 계율에 의지하여 절제하는 것이 훨씬 쉬운 일이라고 생각했기 때문이다. 게다가 금지의 목적이 개인의 행복과 사회의 안정을 지키자는 것 아닌가. 그녀는 비로소 술의 유혹을 뿌리칠 수 있었다.

윌로우는 버클리에서 북동쪽으로 200여 마일 떨어진 콩코드라는 도시에서 부모님과 함께 살고 있었다. 스물여덟 살이 되도록 독립하지 않고 부모님과 함께 사는 것은 미국사회에서는 그리 흔한 일이 아니라고 그녀는 말했다. 댄서 일을 그만둔 후 그녀는 사무직으로 일하면서, 다이아블로 밸리 대학(Diablo Valley College)에 등록했다. 수년간 그렇게 학업과 일을 병행하면서 자신이 진실로 하고 싶은 일이 무엇인지를 찾고 있었다. 그녀는 캐이럽의 선실에 나오는 일요일의 오후 시간은 나와 함께 보내곤 했다. 우리는 카페에서, 거리를 걸으면서, 또는 내 아파트에서 많은 이야기를 나누었다.

어느 일요일 오후 윌로우와 나는 내 아파트 거실에서 텔레비전을 보고 있었다. 외국생활에서 텔레비전은 언어 공부와 그 나라의 문화를 배우는 데 중요한 수단이다. 나는 ABC 방송의 저녁 뉴스와 '제퍼디Jeopardy'라는 퀴즈 프로그램을 정해놓고 시청했다. 그날은 윌로우와 함께 영화를 보고 있었다. 나는 그녀에게 평소 궁금하게 여기고 있던 광고 장면에 대해 질문했다. 그것은 두세 살짜리 여자 아이가 폭풍이 부는 밤중에 인형을 끌어안고 자기 방에서 나와 엄마 아빠 방으로 가기 위해(?) 복도를 걸어가는 장면이었다. 어떤 물건을 위한 광고인지는 잘 기억나지 않지만, 그 장면이 뇌리에서 떠나지 않았다. 한국에서라면 그 나이의 어린아이는 부모와 함께 자는 것이 보통인데, 미국에서는 그렇지 않다는 것을 알게 되었다. 그것은 중요한 문화 차이라고 나는 생각했다. 일찍부터 혼자 자는 습관을 들이는 것이 합리적인 일이고 아이의 독립심도 키워주는 일일 것이라고 이해하면서도, 그 장면을 볼 때마다 뭔가 석연치 않은 느낌이 들었다.

"미국은 커플 중심 사회인 것 같아요. 그래서 커플을 제외하고는 모두가, 따로따로 분리되어 있는 것 같아요. 심지어는 부모와 어린 자녀 사이까지도요."

내가 윌로우에게 말했다.

"맞아요! 맞아요! 그래서 우리는 늘 혼자인 상태를 두려워하고, 커플을 이루어야만 안정을 얻을 수 있다고 생각하죠. 성인이 되면 결혼과 상관 없이 서둘러 짝을 만들려고 해요. 게다가 미국은 성적(性的) 감정을 유발하는 사회죠. 세 번 이상 데이트한 남자와 잠을 자지 않는 여자는 뭔가 문제가 있는 것으로 취급할 만큼요. 미국에

서는 남녀관계는 곧 성관계인 것으로 인식되고 있어요."

윌로우가 맞장구를 쳤다.

나는 I-하우스에 살 때 미국 젊은이들의 생태를 어느 정도 파악할 수 있었고, 윌로우를 만났을 때 이미 3년 이상 미국생활을 해온 터라 그녀의 말에 조금도 놀라지 않았다. 내가 느끼기로는, 그들은 대단히 외로움을 타는 것 같았다. 그 외로움을 풀기 위해 이성을 찾고 있는 듯이 보였다. 평범한 친절이나 호의라도, 그 대상이 이성일 경우, 그것은 곧 그 다음 단계로 발전할 가능성을 내포하고 있었다. 나의 신분을 모르는 사람들에게는 나 또한 그런 대상이었다. 때로는 나의 신분이 그들의 호기심을 더욱 자극하는 모양이었다. 따라서 나는 사람 만나는 일에 비상한 주의를 기울이지 않으면 안 되었다. 그리고 윌로우의 말을 통해 그것이 나의 과잉반응이 아니었음을 확인할 수 있었다.

윌로우는 그때까지 두세 번의 이성교제 경험이 있었다. 스물여덟 살의 미국 여자로서 그다지 많은 편은 아니라고 그녀는 말했다. 첫 번째 남자친구와는 별로 깊은 관계가 아니었다. 두번째 남자친구와는, 여느 커플들처럼 늘 붙어다녔고 모든 성적 감정을 노출했다. 그러나 그렇다고 해서 서로 진실로 사랑하는 것도 아니었다. 함께 있으면 다투는 일이 많았고, 그럴 때면 서로의 감정에 심하게 상처를 입히곤 했다. 두 번 다시 안볼 듯이 싸우고서도 그들은 여전히 그런 관계를 계속했다. 내가 윌로우에게 물었다.

"서로 사랑하지 않으면서 연인관계가 되다니, 그게 가능한 일인가요?"

그녀가 대답했다.

"사실은 나에게도 그것은 충격적인 일이었어요. 하지만 우리 사회에는 그런 연인들이 많아요."

내가 다시 물었다.

"단지 누군가가 필요하기 때문에? 그게 함께 있는 이유인가요?"

윌로우가 대답했다.

"바로 그거예요!"

나는 깊이 머리를 끄덕였다. 그녀가 계속해서 말했다.

"많은 젊은이들이 다른 사람에게 마음을 여는 방법을 몰라요. 그러면서도 혼자 있는 것이 싫기 때문에 늘 누군가와 함께 있기를 원하죠. 성적인 관계로서 말이에요. 그것은 비겁한 일이라고 생각해요. 그렇지만 이것이 우리 세대의 한 현상이죠."

남자친구와의 원만하지 못한 관계로 괴로워하고 있을 무렵, 그녀는 한 서점의 불교서적 코너에서 『가능한 하나의 미래를 위해 For A Future To Be Possible』라는 책을 발견했다. 책제목에 끌려서 그 책을 사가지고 와서는 곧바로 읽기 시작했다. 그것은 틱 나트 한과 15명의 공저자에 의해 씌어진, 오계에 대한 다각적인 해설서였다. 틱 나트 한은 오계의 범위를 확대하고 재해석하여 현대인이 당면하고 있는 문제들을 극복하는 방법을 제시했다. 그리고 그의 오계에 대한 해석을 근거로 하여, 공저자들은 다양한 관점에서 그들의 오계에 대한 견해를 피력했다.

책을 읽으면서 윌로우는 그 모든 내용이 마치 자신에게 보내는 나레이션인 것처럼 느꼈다. 특히 '잘못된 성관계(邪淫)'에 관한 항목은 자신이 처해 있는 상황에 너무나 적합한 내용이었다. 그녀는 자신과 남자친구와의 관계는 크게 잘못된 것이며, 헤어지는 편이 서로를 위해 바람직하다고 생각했다. 가장 가깝게 지내던 사람과 헤어지는 일은 결코 쉬운 일이 아니었지만 그녀는 그것을 단행했다. 그러나 그와 헤어진 후 그녀는 외로움을 견디지 못해 오래지 않아 다른 남자와 다시 사귀기 시작했다. 그런데 그녀는 자신이 전과 조금도 다름이 없는 상황에 놓여 있음을 발견했다. 윌로우는 두 번째 남자친구와도 머지않아 헤어졌고, 오랫동안 그들에 대한 증오심으로 괴로워했다.

그 고통으로부터 벗어날 수 있었던 것은 산타바바라에서의 수련회 때였다. 틱 낫 한은 자비와 이해와 용서에 대해 많은 말씀을 하셨고, 비로소 그녀는 자기 마음속의 분노를 직시하게 되었다. 그녀는 자신과 남자친구들이 서로에게 상처를 입혔던 것은, 서로 상대방에게 진실로 사랑받고 있지 않다는 생각 때문이었다는 것을 알게 되었다. 그 사실을 발견했을 때 그녀는 몹시 슬펐고, 결국 자기 자신과 그들을 용서하게 되었다. 그러기까지 많은 시간이 걸렸고 많은 고통이 따랐다. 그녀는 더이상 이기심과 욕구불만으로 그늘진 인간관계를 갖지 않기로 결심했다. 그녀는 '불사음'의 핵심이 성관계에 대한 책임감이라는 것에 깊이 공감했다. 그래서 그녀는 책임감과 신뢰감을 토대로 한 진정한 사랑이 아니면 결코 어떠한 이성관계도 만들지 않겠다고 생각했다.

윌로우는 불상생(不殺生)에 대해서도 남다른 신념을 가지고 있었다. 그녀는 스무 살 때 채식주의자가 되었다. 단순히 자기 자신을 위해 다른 생명을 죽이는 일을 피하기 위해서였다. 그리고 『가능한 하나의 미래를 위해』를 읽은 후 본격적으로 불살생을 수행하기로 결심했다. 불교에서는 동물도 감정이 있다(有情, sentient being)고 보고 있을 뿐만 아니라, 광물과 같이 감정이 없는 것(無情, non-sentient being)도 유정(有情)과 동등하게 존중하고 있다는 것에, 그녀는 대단히 감동하고 있었다. 그녀가 말했다.

"나는 믿어요. 만약 환경이 파괴된다면 인간도 파괴된다는 것을. 동물과 식물과 광물의 삶을 보호하지 않고는 인간의 삶도 보호받을 수 없다는 것을."

윌로우는 『가능한 하나의 미래를 위해』를 읽으면서 자신이 이미 불살생과 불음주를 실천하고 있다는 것을 알고 대단히 기뻤다. 그리고 무엇보다도 불사음(不邪淫)의 의미와 중요성을 가슴에 새기고 있는 터였다. 그래서 그녀는 오계 중의 나머지 두 항목인 불망어(不妄語)와 불투도(不偸盜)도 일상생활 속에서 실천하려고 노력하고 있었다.

틱 나트 한에 의하면 불망어(不妄語)의 실천방법은 "진실한 말을 하고, 깊이 남의 말에 귀기울이는 것"이었다. 윌로우는 이 계를 실천함으로써 그녀의 가족관계를 개선해왔다. 그녀는 오랫동안 어머니와 그다지 가깝게 지내지 않았다. 그러나 그녀가 어머니와의 대화를 시도하고, 어머니의 얘기에 귀를 기울이면서부터 그들은 서로를 이해할 수 있게 되었다. 윌로우는 이제 그녀의 아버지와의 관계를 회복하려고 노력하고 있었다.

틱 나트 한은 사회적 부정의와 학대와 착취도 도둑질에 속한다고 정의하고 있으며, 불투도(不偸盜)를 실천하기 위해서는 '자신의 시간과 에너지와 물질적 자원을 진실로 그것을 필요로 하는 사람들에게 나누어주어야 한다'고 설명했다. 윌로우는 이미 그것을 실천하고 있었다. 버클리를 비롯한 샌프란시스코와 그 주변 지역은 홈리스가 많기로 유명했다. 그들 중에는 단순히 거리 위의 생활과 그 자유를 즐기는 사람도 있었지만, 많은 사람들이 그 삶을 선택한 것이 아니었고, 도움을 필요로 하고 있었다. 홈리스를 돕는 방법으로는 한 사람에게 지속적으로 정신적 물질적 도움을 주는 것이 권장되고 있었다. 윌로우는 우연히 거리에서 만나 얘기를 나누었던 자기 또래의 한 홈리스 여자와 친구가 되어 그녀를 돕고 있었다.

틱 나트 한의 오계 해석 중에서 불음주(不飮酒)에 관한 것이 가장 포괄적이었다. 스님에 의하면, 음주의 근절뿐만 아니라, 과식을 하지 않는 것과 올바른 소비생활을 하는 것이 이 계의 포인트였다. 이것을 실천함으로써, 건강한 정신과 육체를 기르고, 가족과 사회의 평화를 유지하는 것이 이 계의 목적이었다. 스님은 특히 잘못된 식생활도 일종의 중독성이라고 지적하고, 적절한 규정식(diet)을 실천할 것을 권장하고 있었다.

윌로우는 채식주의자로서 이미 오랫동안 '주의 깊은 식생활'을 실천해오고 있었다. 그런데 그녀의 '올바른 소비생활'을 수행하기 위한 노력 또한 대단한 것이었다. 그녀는 플라스틱 제품이나 비닐 포장이 되어 있는 물건은 사지 않으려고 노력했다. 그녀는 천으로 된 쇼핑백을 사용하고 있었으며, 쌀이나 야채를 살 때는 비닐봉지에 넣지 않은 것, 즉 무게를 달아 종이봉지에 담을 수 있거나 통째로 쇼핑백에 넣을 수 있는 것을 샀다. 여자들이 외모를 가꾸기 위해 쓰는 물건들의 대부분이 썩지 않기 때문에 엄청나게 환경을 손상시킨다는 것을 그녀는 잘 알고 있었다. 다리의 털을 깎기 위한 면도칼이며 크림통들이 모두 어디로 갈 것인가를 생각할 때 그녀는 더이상 그런 것들을 사용할 수가 없었다. 심지어 그녀는 일회용 생리대도 사용하지 않고 있었다.

3주 동안 스페인으로 배낭여행을 떠났을 때 그녀는 최소한의 물건을 가지고도 충분히 생활할 수 있다는 것을 경험했다. 집에 돌아왔을 때 너무나 많은 물건들이 그녀를 기다리고 있음을 보았고, 불필요한 물건들을 정리한 후 그녀는 한껏 자유로움을 느꼈다. 때때로 그녀는 그녀가 죽었을 때 생전에 버린 모든 물건들이 그녀를 기다리고 있을 것이라는 상상을 하며, 쓰레기를 만들지 않기 위해 모든 노력을 아끼지 않고 있었다.

윌로우에게 오계를 지키는 것은 곧 가족과 이웃과 사회와 지구를 사랑하는 일이었다.

어느 화창한 봄날 윌로우와 나는 카페 로마에서 만나 차를 마신 후 잠시 칼리지 가를 따라 걸었다. 키가 나보다 머리 하나만큼 더 큰 윌로우는 땅을 보며 묵묵히 걷다가 불쑥 생각났다는 듯이 말했다.

"나도 비구니가 되고 싶어요."

"그래요? 좋아 보여요?"라고 나도 그녀처럼 아무렇지도 않게 물었다.

"당신의 생활이 대단히 자유로워 보여요. 그게 부러워요"라고

카페 로마 앞에서

그녀는 조용히 대답했다. 그녀가 처음 비구니를 본 것은 산타바바라에서의 수련회 때였다. 30여 명의 틱 나트 한의 제자스님들이 그곳에 있었는데, 그중 반 이상이 비구니였다. 윌로우는 그들을 먼발치에서 보았을 뿐이나 그들의 움직임이 몹시 평화로워 보였다. 그 후 그녀는 비구니가 되는 것에 대해 생각하기 시작했다. 그녀가 말했다.

"보다 의미 있는 삶을 살고 싶어요. 공동생활을 통해 나의 신념과 수행을 발전시키고, 더 강해져서, 세상으로 돌아와 사람들을 위해 일하고 싶어요."

나는 '출가생활이란 것이 생각처럼 그렇게 단순한 것만은 아니에요'라고 말하려다 그만두었다. 언젠가 책에서 읽은 것이 생각났기 때문이었다. 서양의 진지한 불교도들도, 아시아의 불교도들과 마찬가지로, 적어도 한두 번은 출가의 길을 자신의 삶의 방식으로 진지하게 생각한다는 것이었다. 윌로우는 우선 본격적으로 공부를 할 생각이었다. 다이아블로 대학에서 필요한 학점을 취득하는 대로 UC 버클리에 편입하여 인류학을 전공할 계획을 세우고 있었다. 공부를 하여 학자나 작가가 되고 싶으며, 언젠가는 꼭 출가하고 싶다고 말했다.

윌로우가 마지막으로 나를 방문한 것은 내가 버클리를 떠나기 며칠 전이었다. 내 아파트는 온통 짐상자들로 널브러져 있었다. 그녀는 나를 도와주고 싶다고 말했지만, 나는 짐 싸는 일로부터 잠시 떠나고 싶었다. 우리는 함께 무엇을 할지 궁리한 끝에 피플스 파크 (People's Park)에 가서 비눗방울을 불기로 했다. 짐 정리에 지쳐 있던 나는 갑자기 신바람이 나서 밖으로 나갔다. 피플스 파크는 내 아파트가 면해 있는 드와이트 가에 있었고, 내 아파트와 두 블록을 사이에 두고 있었다. 이 공원은 일찍이 히피문화 보호운동이 일어났던 곳으로, 근래에는 홈리스들의 집산지로 이름난 곳이었다. 나는 늘 그 공원 옆을 지나다니면서 홈리스들이 여기저기 누워 있는 것을 보거나, 아침이면 자원봉사자들이 그들에게 커피와 빵을 나누어주는 것을 보곤 했다.

윌로우와 나는 농구코트 쪽을 바라보며 잔디밭에 나란히 앉았다. 우리가 비눗방울을 불기 시작하자, 여기저기 앉았거나 누워 있던 홈리스들이 우리 쪽으로 시선을 주었다. 드와이트 가를 지나가던 사람들도 웃는 얼굴로 우리를 바라보았다. 윌로우와 나는 경쟁이라도 하듯 정신없이 비눗방울을 불었다. 저녁 햇살을 받아 붉은빛을 띤 크고 작은 비눗방울들은 자유로이 허공으로 날아오르는가 싶으면 곧 사라지곤 했다. 마치 세상의 무상함을 일깨워주기라도 하듯, 그것들은 생겨났다가는 흔적도 없이 그렇게 소멸해갔다. 햇빛이 조금씩 공원 밖으로 물러가기 시작할 무렵, 나는 부는 일에 지쳐서 잔디밭에 드러누웠다. 윌로우도 부는 일을 그만두고 내 옆에 누웠다. 공원은 어둠이 깔리기 시작했는데, 서쪽 하늘의 구름은 아직도 붉게 물들어 있었다. 나는 노래를 부르기 시작했다.

"아 목동들의 피리 소리들은, 산골짝마다 울려나오고, 여름은 가고 꽃은 떨어지니, 나도 가고 또 너도 가야지⋯⋯." 그러자 윌로우는 영어로 나의 노래에 화음을 맞추었다. "오 대니보이 오 대니보이⋯⋯."

*

틱 나트 한의 오계는 다음과 같다.

제1계 : 생명을 죽이는 일, 생태계를 파괴하는 일이 괴로움의 원인이 됨을 알고, 나는 마음속에 자비를 육성할 것과, 사람과 동물과 식물과 광물들의 삶을 보호하는 방법을 배울 것을 맹세합니다. 나는 어떠한 생명도 죽이지 않을 것이며, 다른 이로 하여금 죽이게 하지도 않을 것이며, 생각 속에서 그리고 삶의 방식 속에서 세상에서 일어나는 어떠한 살육의 행위도 용납하지 않을 것을 굳게 결심합니다.

제2계 : 도둑질과 착취와 학대와 압박이 괴로움의 원인이 됨을 알고, 나는 마음속에 사랑을 육성할 것과, 사람과 동물과 식물과 광물들의 안전한 삶을 위해 일하는 방법을 배울 것을 맹세합니다. 나는 훔치지 않을 것이며, 남에게 속한 어떠한 물건도 소유하지 않을 것을 굳게 결심합니다.

제3계 : 잘못된 성관계가 괴로움의 원인이 됨을 알고, 나는 마음속에 책임감을 육성할 것과, 개인과 커플과 가족과 사회의 안전을 보호하는 방법을 배우기를 맹세합니다. 진실한 사랑이 없는 혹은 배우자가 아닌 사람과 성관계를 갖지 않을 것이며, 나와 다른 이의 행복을 위하여 나의 (결혼) 서약과 다른 이의 서약을 존중할 것을 굳게 결심합니다.

제4계 : 부주의한 말을 하는 것과 남의 말에 귀를 기울이지 않는 것이 괴로움의 원인이 됨을 알고, 나는 진실한 말을 하고 깊이 남의 말에 귀기울이는 능력을 키울 것을 맹세합니다. 거짓말을 하지 않을 것이며, 가족이나 이웃이나 단체의 화합을 깨는 말을 하지 않을 것을 굳게 결심합니다.

제5계 : 음주와 과식을 비롯한 부주의한 소비가 괴로움의 원인이 됨을 알고, 올바른 소비를 실천함으로써 건강한 정신과 육체를 육성할 것을 맹세합니다. 나는 나의 몸과 의식 속에, 그리고 나의 가족과 사회 속에 평화와 행복과 기쁨을 보존할 수 있는 것만을 섭취하고, 독소와 중독성을 포함하고 있는 것은 무엇이든 섭취하지 않을 것을 굳게 결심합니다.

월남전 참전용사 그레그의 웃음

처음 나의 과거에 대해 쓰기 시작했을 때 무척 고통스러웠습니다. 그러나 그것은 미래를 생각하기 위한 눈뜸의 과정이었습니다. 당신께 내 얘기를 할 기회가 주어진 것은 내게는 커다란 선물이었습니다.

캐이럽의 선실(禪室)에서 처음 만난 그레그의 인상은, '소리 없는 커다란 웃음을 가진 남자'로 내게 남았다. 그가 어떻게 자기 소개를 했는지, 또 내가 그에게 무슨 말을 했는지는 잊었지만, 왠지 그의 웃음만큼은 선명하게 기억에 남았다. 캐이럽의 집에서 자주 그를 보았지만, 그는 늘 말이 없었고 왠지 사람의 접근을 거부하는 듯했다. 그러나 얼굴에 깊은 주름을 잡고 입을 크게 벌리면서도 소리는 내지 않는 그의 웃음은 정말 인상적이었다. 나는 속으로 그것을 '외로움이 가득한 웃음'이라고 이름 지었다. 그러던 어느 날 그가 월남전 참전용사였다는 사실을 알게 되었다.

어느 일요일 오후, 캐이럽의 집 베란다에서는 여느 때처럼 선실의 멤버들이 점심식사 후의 담소를 즐기고 있었다. 그날의 화제는 산타바바라의 수련회 때 있었던 '월남전 참전용사들의 발표'에 대

한 것이었다. 윌로우가 말했다.

"나는 전후세대죠. 전쟁에 대해 아무런 관심도 없었고, 월남전에 대해 아는 것이 전혀 없었어요. 그런데 참전용사들이 자신이 쓴 글을 낭독하는 것을 들으면서, 충격과 감동으로 온몸이 떨리는 것을 느꼈어요. 그때 처음으로 전쟁의 비극에 대해 생각하게 되었지요."

그녀의 말을 이어, 누군가가 말했다.

"총알이 빗발치던 전장에서 자신의 터진 내장을 부여잡고 죽음을 기다리는 심정을 묘사했던 남자의 얘기가 아직도 생생하게 기억나요. 아무도 그를 위해 와주지 않았고, 그는 극한의 외로움과 두려움 속에 내던져져 있었죠. 그때 그는 그의 가족과, 전장에서 죽은 다른 모든 사람과, 그들의 가족들을 생각했죠. 그리고 그 순간 그는 모든 인간은 서로 분리되어 있지 않다는 것을 깨닫게 되었다는 거예요."

"자신의 경험을 글로 씀으로 해서, 그리고 그것을 청중 앞에서 읽음으로 해서 그들의 상처를 치유하려고 했던 것이 다름아닌 틱 나트 한의 의도였지요. 스님은 총의 반대편에 선 사람들뿐 아니라 총을 든 사람들도 전쟁의 희생자임을 헤아리셨던 것이죠."

이런 얘기가 오가던 중, 누군가가 '그레그가 그때 최초의 발표자였었다'고 윌로우에게 말해주었다. 윌로우는 그녀의 옆에 앉아 있는 그레그를 돌아보며,

"어머나, 그러세요? 그 얘기를 기억하고 있어요! 정말 감동적이었어요! 만나게 되어 정말 영광이에요!"

라고 흥분된 목소리로 말했다. 그레그는 예의 그 웃음으로 윌로우

의 말에 응답했다. 나는 그들의 대화에 끼지는 못했지만, 그들의 얘기를 경청하고 있었다. 그리고 먼 과거의 어떤 기억을 더듬고 있었다. 그것이 무엇인지 생각나지는 않았지만, 월남전이 나와 전혀 무관하지만은 않은 것처럼 느껴졌다.

모임이 끝나고 모두들 자리를 뜰 무렵, 나는 그레그에게 다가가서 내가 그 글을 읽을 수 있겠느냐고 물었다. 그는 여전히 그 웃음을 보이며 "오케이"라고 간단히 대답했다.

그 다음주 일요일 그는 자신의 에세이 「고원 *The Plateau*」의 복사본을 내게 건네주었다. 다음은 그 에세이를 요약한 것이다.

1967년 6월 나는 열아홉 살의 나이로 베트남에 갔다. 나는 천진무구했고, 이상주의적이었고, 의심할 줄 몰랐다. 일 년 후 육체적으로 아무런 상처 없이 귀국했고, 나는 세상의 흐름에서 일 년을 뒤졌을 뿐이라고 생각했다.

21년 후인 1988년, 나는 감정적 인내의 한계에 도달해 있었다. 내 삶은 방향이 없었고, 친구 하나 없었다. 오직 어두운 신념을 가지고 있었을 뿐이며, 우울증만이 나의 동반자였다. 나는 어떤 해답을 찾고 있었고, 그것을 위해 산에 오르곤 했다.

어느 날 나는 시에라의 서쪽에 위치한 케네디 초원을 향해 길을 떠났다. 광야로부터 500마일 가량 떨어진 곳에 고원이 있었다. 올라가 보니 그곳은 캠프하기에 완벽한 곳이었다. 주변을 돌아보고 나서 나는 벌거벗고 일광욕을 했다. 그리고 해가 지자마자 슬리핑백 속으로 들어가서 별을 바라보면서 생각 속으로 빠져들었다.

네번째 날, 나는 누군가가 고원 쪽으로 올라오는 것을 보았다. 처음에는 단순히 호기심으로 그를 지켜보았다. 그러나 그가 다가올수록 나는 불안해지기 시작했다. 그는 나를 의식하지 못한 채 고원을 지나쳐 갔다. 그러나 나는 '그는 나를 잡으러 온 것이 틀림없어. 방어태세를 갖추어야 해. 그를 따돌릴 수 있을 거야'라고 생각하며 걷잡을 수 없이 혼돈스러워졌다. 미친 짓이라고 생각하면서도 내 몸을 컨트롤할 수가 없었다.

낚시용 나이프 외에는 무기라고는 없었다. 전날 근처에서 발견했던 철조망을 이용해서 주위에 방어벽을 만들기로 했다. 언덕 쪽에 있는 삼나무를 거섬으로 하여 빈원을 그리며 15피트 높이의 철조망을 쳤다. 가지고 있던 메탈 컵을 거기에 달아놓아 그가 철조망을 만지면 소리가 나도록 했다. 그리고 철조망 밑에는 작은 나뭇가지들을 던져놓아 그가 다가오는 소리를 들을 수 있도록 했다.

어둠이 내려 깔리자 나는 낚시용 나이프를 들고 나무 뒤에 숨어서 그가 오기를 기다렸다. 누군가가 땅을 밟는 소리가 들리는 듯했다. 나는 두려움에 떨면서 미지의 적으로부터의 공격을 기다리고 있었다.

다음날 어둠을 밀치고 빛이 나타났을 때, 그때서야 비로소 생각을 컨트롤할 수 있었다. 그는 단지 나와 같은 등산객에 지나지 않았던 것이다.

내가 찾던 해답은 내가 수년간 부정해오던 바로 그것이었다. 베트남에서의 경험이 끊임없이 나를 따라다니고 있었던 것이다.

나는 며칠 더 고원에 머물렀다. 그리고 내가 무엇보다도 그리워하는 것은 월남전에서의 전우들이라는 것을 깨달았다.

집에 돌아왔을 때 나는 읽지 않고 던져두었던 팜플렛을 집어들었다. 그것은 '퇴역군인 관리국'에서 온 것이었다. 거기에는 '외상 후 스트레스 장애(PTSD : Posttraumatic Stress Disorder)'에 대해 씌어 있었다. 나는 곧바로 '월남전 참전용사 그룹'에 가입했고, 새 삶을 위한 첫발을 내디뎠다.

읽기를 마치고 나는 잠시 동안 아무것도 할 수 없었다. 그의 웃음의 의미를 알 것 같았다. 그때까지 나는 전쟁이란 단지 역사 교과서나 영화에서나 등장하는 일인 것처럼 인식하고 있었다. 전쟁이 과거의 일도 아니며 먼 곳의 일도 아님을 비로소 깨닫게 되었다. 그것은 바로 지금 이 땅 위에서 일어나고 있는 일이며, 바로 내 이웃의 일이라는 사실에 눈뜨게 되었던 것이다.

캐이럽에게서 받은 선실의 회원명단에서 나는 그레그의 주소와 전화번호를 발견했다. 나의 생각과 감정을 그에게 어떻게 전해야 할지 알 수 없었지만, 생각 끝에 편지를 쓰기로 했다.

친애하는 그레그,

월남전이 한창이던 1969년부터 71년까지 나는 한국 제일의 항구도시인 부산에서 고등학교를 다녔습니다. 당시 부산의 여고생들은 파월 장병들을 전송하기 위해 곧잘 부산 앞바다에 불려나가곤 했답니다. 검은 스커트에 흰 블라우스의 유니폼을 입은 단발머리의 소녀들은 수백의 군인들을 실은 거대한 배 앞에 줄지어 서서 군악대의 반주에 맞추어 애국가를 불렀지요. 부두를 뒤흔드는 뱃고동 소리와 함께 배가 서서히 움직이기 시작하면 우리는 이별가를 불렀고, 아들과 오빠와 남편을 떠나보내는 여자들의 울음소리가 함성처럼 터져나왔지요. 전쟁이 무엇인지, 전쟁터에서 무슨 일이 일어나고 있는지, 왜 떠나고 떠나보내야 하는지 알지 못한 채, 나는 슬픈 감정에 휩싸여 태극기를 흔들고 있었습니다.

고등학교를 졸업한 후 곧 출가했던 나는 산사에서 사미니 교육을 받으며 수년간 세상과 단절된 생활을 했습니다. 미국을 비롯한 많은 나라의 젊은이들이 반전 평화 운동을 벌이고 있다는 사실은 물론, 월남전이 어떻게 끝났는지, 한국과 월남의 관계를 비롯해 세계 정세가 어떻게 변해갔는지 알지 못했습니다. 부산 앞바다에서의 거대한 송별식에 대한 기억도 내 뇌리에서 말끔히 사라졌지요. 그 송별식의 기억이 되살아난 것은 지난주 캐이럽의 선실에서 돌아온 후였습니다.

「고원」을 읽고, 나는 전쟁과 우리 삶에 대해 많은 것을 생각했습니다. 그리고 나처럼 전쟁에 대해 무지한 사람들을 위해서 당신의 얘기를 쓰고 싶다는 생각을 했습니다. 허락할 수 있는지요. 그리고 혹 기회가 된다면 더 많은 얘기를 듣고 싶습니다.

얼마 후 나는 그레그로부터 예기치 않은 소포를 하나 받았다. A4 용지 20여 장이 낱낱이 비닐로 파일되어 있었다. 표지에는 '벽 The Wall'이라는 제목에, '기억하기 위한 곳, 치유하기 위한 곳(A Place For Remembering, A Place For Healing)'이라는 부제가 붙어 있었다. 페이지를 넘기니, 시와 컬러사진이 함께 편집되어 있었고,

매 페이지의 끝에는 '사진 : 1991년 빌 시앨로, 시 : 1991년 그레고리 부시'라고 작은 글씨로 인쇄되어 있었다.

그레그와 빌은 '월남전 참전용사 그룹'에서 만났다. 이 그룹은 참전용사들이 공통으로 가지고 있는 정신적 갈등의 치유를 목적으로 만들어진 것이다. 그레그와 빌은 1990년 처음으로 워싱턴 DC에 있는 베트남 참전 기념비인 그 '벽'에 갔다. 그 방문을 통해 그들은 비로소 마음속에서 그 전쟁을 종식시킬 수 있었다. 잊음이 아니라 기억함으로써, 부인함이 아니라 받아들임으로서, 그들의 젊음을 유린했고 20년 이상 그들을 따라다니던 그 악몽을 떨쳐버릴 수가 있었다. 그들은 자신들의 경험을 다른 참전용사들에게 알리는 것이 중요하다고 생각하여, 그때의 감동을 각각 시와 사진으로 표현했던 것이다.

사진 속에는 참전용사들의 이름이 새겨진 검은 대리석의 길고 긴 벽이 있었다. 낙엽이 뒹구는 저녁 풍경 속의 벽, 아침 햇살을 받아 황금빛으로 빛나는 벽, 그 앞에서 누군가의 이름을 찾는 여자, 헌시를 붙이는 남자…… 아름답고도 슬픈 사진들이었다. 그레그의 시를 읽으며 나는 끝내 울음을 터뜨리고 말았다. 며칠 동안 나는 사진을 들여다보고, 시를 읽고, 눈물을 흘렸다.

벽 앞에서 그는 이렇게 읊었다 :

그의 이름을 발견해야 한다
내가 잊고 있었던 이름
그는 불 속에서 죽었다

그날 나는 거기 있었다
그의 이름을 찾았을 때
죄책감이 나를 고갈시킨다
왜 기억하지 못했을까……
대리석 위의 이름의 바다
내 감정은 거칠어지고
두 눈에서 눈물이 쏟아진다
깊이 감추어져 있던 감정
반성의 시간……
그리고 이제 평화의 시간
나는 과거로 돌아가려고 애썼다
그리고 결국 너의 이름을 찾았다
우리의 우정을 기억해냈다
그 운명적인 날 이전의
너는 내 삶으로부터 잘려나갔다
눈을 어지럽히던 빛의 섬광 속에서
나는 단지 감각을 잃고 있었다
그리고 그날 밤 취해 있었다
나는 애써 도망쳐왔다
베트남으로의 여행 이래
무엇이 진실로 일어났는지에 대해
그러나 나는 되돌아왔다
우리가 살았던 그 지옥으로

너는 지금 내 마음속에 살아 있다
다시는 잊지 않겠다
홀로 뒤에 남겨두지 않겠다
나는 낯선 땅의 정글 속을 걸었다.
내 동료 인간들을 죽일 준비를 하고
그는 같은 짓을 하기 위해 나를 기다리고 있었다
그리고 우리는 서로 상대가 비난의 대상이라고 생각했다
떠날 때와 마찬가지로 나는 홀로 집에 돌아왔다
그 고통과 죽음을 잊기를 원하면서
내 혼란을 바로잡기 위해서 나는 도움이 필요했다
나는 사랑과 이해가 필요했지만, 아무도 없었다
그것이 우리나라의 방식인 듯했다. 내 방식이듯이
무슨 일이 있었는지를 잊기 위해
"지금은 때가 아니야" 부인하는 나라……
다른 참전용사들조차 서로 도우려 하지 않았다
"혼자 있게 해줘, 나는 지옥을 통과해왔단 말이야"
우리는 월남 땅에 동지들을 남겨두고 집으로 돌아왔다
그리고 도시와 농장에서 각자 그 전쟁을 처분했다
그러나 나는 지금 말하겠다, 그곳으로 되돌아왔노라고, 친구여
이제 함께 할 시간이다, 그 전쟁을 다시 방문할 때이다
그것은 고통스런 여행이다, 돌아가는 것은
우리가 살았던 그 공포 속으로
그러나 그것은 가치 있는 여행이기도 하다

다시 우리의 동지와 함께 하는

태양은 동쪽 하늘에서 떠오르고

벽은 빛을 만나기 위해 뻗어 있다

나의 세계와 내가 볼 수 있는 모든 것을 삼키면서

지평선은 내 앞의 반사 속에서 끝이 없다

그 이미지는 이 세상 너머에서 나를 포로로 한다

그것은 내 마음을 끌어안고 아침이 밝는다

그러자, 내 안에서 피어오르는 따듯함

그리고 그 따듯함을 품은 채, 나는 평화를 맞는다

캐이럽의 선실에서 다시 그레그를 만났지만, 우리는 이전과 마찬가지로 사람들 속에 섞여 있었고 우리들만의 얘기는 하지 않았다. 그리고 얼마 후 나는 다시 그로부터 편지를 받았다. 그것은 '나의 역사'라는 제목의 그의 회고록이었다. 글 말미에 그는, "이 글을 쓰는 것이 내게는 많은 도움이 되었습니다. 쓸 기회를 준 것에 대해 감사합니다. 당신이 따듯한 마음으로 사람들을 위해 무엇인가를 하는 것은, 진실로 우리 모두에게 보내는 선물입니다"라고 썼다. 그리고, 연말과 연시를 전후해서 한 달간 캐이럽과 함께 틱 나트 한이 있는 프랑스의 매화 마을(Plum Village)에서 생활할 예정이라는 추신을 달았다.

그레그는 샌프란시스코 출신이었다. 그의 부모님은, 그들의 부모님의 반대에도 불구하고, 스물두 살과 열아홉 살의 나이에 결혼했다. 그들은 경제적으로 어려운 생활을 해야 했고, 자식(형과 그레그)을 사랑하는 방법을 몰랐다. 그레그는 성장이 몹시 더딘 어린이였는데, 그 때문에 부모님은 그를 지진아로 취급했다. 청소년 시절에는 터프가이로 보이기 위해서 친구들에게 곧잘 주먹질을 했지만, 상대에게 해를 끼칠 생각은 없었다. 그는 록 스타나 가라테 전문가가 되기를 꿈꾸는 평범한 소년이었다.

1966년 고등학교를 졸업했을 때, 월남전은 그 절정에 이르러 있었다. 그는 전쟁터에서의 경험이 그를 강하고 훌륭한 남자로 만들어줄 것이라고 믿었다. 그의 참전은 애국심이나 정의감에 의한 것도, 신의 뜻에 의한 것도 아니었다. 단지 자신의 삶을 새로운 것으로 바꿀 수 있으리라는 기대감을 가지고 월남으로 떠났다.

전쟁의 경험은 명백하게 그를 변화시켰다. 그러나 그것은 그가 희망했던 것과는 전혀 다른 방향의 것이었다. 월남에서 그는 다시는 잊지 못할 일들을 보았고, 결코 자랑스럽게 생각할 수 없는 일들을 했다. 그 치욕과 불명예는 그가 그곳에 있었다는 사실을 입 밖에 낼 수 없게 했다. 귀국 후 수년간 그는 수없이 자살을 시도했다. 그러나 그의 좌절과 분노를 인내로 지켜보고 있는 부모님에게 그런 불효를 할 수는 없었다.

현실로 되돌아오기 위해서 그는 끊임없이 노력했다. 한 전화회사(Pacific Bell)에 취직하여 전기공사, 배관공사, 에어컨디셔너 설치공사 등의 일을 했다. 전우와 함께 대륙 횡단여행을 떠나 길 위에서 일 년을 보내기도 했다. 2년제 대학에 입학하여 4년 만에 졸업했는데, 어린 시절의 부진했던 학업을 만회하기 위해서 열심히 공부했고 좋은 성적으로 졸업했다. 그러나 우울증과 좌절감을 떨쳐버릴 수는 없었다. 퇴역군인관리국에 도움을 요청했지만, 그보다 더 사정이 나쁜 참전용사가 많다는 이유로 그에게는 그다지 관심을 보이지 않았다. 당시만 해도 '외상 후 스트레스 장애'에 대한 연구는 아직 진행되지 않았던 것이다.

그는 안정된 생활이 필요하다고 생각되어 여자들과 사귀기 시작했고, 1977년 한 여자와 결혼했다. 그러나 여자들과의 동거도 결혼생활도 일 년을 넘기지 못했다. 나중에 퇴역군인 그룹에서 알게 된 일이지만, 일 년을 주기로 삶의 방식을 바꾸는 현상은 월남전 참전용사들에게서 흔히 일어나는 일이있다. 월남에서의 일 년 복무가 그들에게 그런 식으로 영향을 미치고 있었던 것이다. 그는 다시 전화회사에 취직해 일에 몰두했다. 사람들은 그를 조용한 남자라고 생각했고, 아무도 그가 우울증에 빠져 있다는 사실을 알지 못했다. 그와 함께 살던 여자들도, 심지어는 그의 가족들조차도.

「고원」의 경험 이후 그는 약 3년간 두 종류의 '참전용사 그룹'에 참가했다. 그곳에서 그는 월남에 가기 전의 나는 누구였나, 월남에서 나는 어떻게 살았으며, 현재의 나는 누구인가 등에 대해 얘기했다. 또한 그가 가지고 있는 분노, 좌절, 우울증에 대해서도 집중적으로 토론했다. 그리고 1990년 빌과 함께 '벽'에 다녀온 후, 비로소 그는 월남전의 후유증에서 벗어날 수 있었다.

그러나, 표면적으로는 사회의 일원으로 완전히 복귀한 것 같았으나, 그의 마음은 여전히 알 수 없는 불안에 휩싸여 있었다. 그리고 행복이나 부를 바깥 세계에서 찾으려 했다. 그의 영혼은 새롭게 태어나기 위해서 불교와의 만남을 기다려야 했다.

　1997년 여름, 우편함 속에서 그는 틱 나트 한의 수련회에 관한 안내 팜플렛을 발견했다. 오랫동안 명상을 하고 싶다고 생각해오던 그로서는 희망의 메시지였다. 그러나, 수련회에 참가하기 위해 UC 산타바바라의 캠퍼스에 도착했을 때, 그는 당황했다. 1200명이나 되는 엄청난 사람들이 그곳에 모이는 줄 알았으면 그는 결코 그곳에 가지 않았을 것이다. 그는 아직도 군중에 대한 공포증이 있었던 것이다. 집으로 돌아가고 싶은 충동을 억누르는 데 많은 인내가 필요했다.

　불안과 두려움 속에서 2, 3일이 지나는 동안, 그는 사람들이 말없이(그것은 침묵의 수련회였다) 서로에게 따듯한 웃음과 눈길을 주고받는 것을 알게 되었다. 식사가 끝나면 식탁의 맞은편에 앉은 사람이 웃는 얼굴로 합장을 하고 그를 향해 절을 했고, 그도 상대에게 그렇게 했다. 그는 월남전에서 경험했던 동지애 같은 것을 그곳에서 느낄 수 있었다. 월남에서는 살아서 돌아가야 한다는 공동의 목표가 있었다면, 수련회에서는 '참 나'에게로 돌아가고자 하는 공동의 목표가 있었던 것이다.

　수련회의 프로그램 중에는 소그룹으로 나뉘어 대화를 할 수 있는 시간이 있었다. 그레그가 소속된 그룹은 월남전과 관련된 사람들의 모임이었다. 멤버들은 퇴역군인들을 비롯해서 월남전에 대한 항의자, 양심적 병역 거부자, 월남전으로 인해 남편을 잃은 미망인, 퇴역군인과 결혼한 여자 등이었다. 그들은 서로 마음을 활짝 열고 대화를 했고, 진심으로 서로를 받아들였다. 그러한 분위기 속에서 그레그는 수년 전에 겪었던 「고원」의 경험을 쓸 수 있었다.
 수련회를 떠나면서 그의 가슴은 그렇게도 오랫동안 찾아 헤매던 것을 만난 안도감으로 충만했다. 돌아온 후 그는 곧 캐이럽의 선실에 나가기 시작했고, 이제 매화 마을로 떠난 것이다.

 그 무렵 나는 캐이럽의 선실 외에도 몇몇 불교사원을 드나들고 있었지만, 크리스마스와 연말연시의 연휴기간 동안에는 아무 곳에도 가지 않았다. 나는 귀국 준비를 겸해서 옷가지를 정리하고 헤진 옷들을 꺼내 꿰맸다. 그리고 낡아서 못쓰게 된 여름 모자의 겉을 다른 헝겊으로 씌워서 춘추용 모자를 하나 만들었다.
 그런데, 거실 탁자 위에 놓여 있던 그레그의 편지와 '벽'의 시와 사진이 자꾸만 나의 마음을 흔들었다. 나는 바느질을 하면서 문득문득 영화에서 본 전쟁 장면들을 상기하고는 그 속에서 그레그의 모습을 발견하곤 했다. 월남전을 다룬 영화 〈플래툰〉을 보면서 나는 전쟁의 참혹함과 비인간성에 대해 얼마나 분노하고 슬퍼했던가. 그레그가 참전에 걸었던 희망, 귀국 후의 절망, 그리고 다시 태어나고자 하는 처절한 몸부림 등이 내 가슴을 저몄다. 나는 그가 새 희망을 안고 매화 마을에서 돌아오기를 진심으로 기원했다.
 해를 넘기고 그레그와 캐이럽이 프랑스에서 돌아왔을 무렵, 나는 다시 캐이럽의 선실을 방문했다. 그러나 그레그의 모습은 보이지 않았다. 캐이럽의 말에 의하면, 매화 마을에서 그레그는 때때로 몹시 괴로워하더라는 것이었다. 나는 실망을 금할 수가 없었다. 그를 위해 내가 무엇을 할 수 있을지 알 수 없었다. 그가 나에게 자신의 애기를 써보내는 것으로 스스로 위안을 받았듯이, 그가 다시 나에게 쓸 수 있기를 기대할 뿐이었다. 반갑게도 오래지 않아 그레그로부터 편지가 왔다.

친애하는 세등,

매화 마을에서 나는 다시 나의 과거와 싸워야 했습니다. 내가 그 동안 극복했다고 생각했던 감정들이 내 내부에 여전히 살아 있음을 보았습니다. 스님들의 집전에 의해서 어떤 의식이 진행되는 동안 나는 참을 수 없는 공포를 경험했습니다. 만약 우리가 그들의 지시에 따르지 않는다면 그들이 우리의 삶을 빼앗아갈 수도 있다는 터무니없는 생각에 사로잡혔던 것입니다. 한 스님에게 상담을 요청했지만, 아무런 도움이 되지 않았습니다.

다행히도 틱 나트 한의 온화함이 나의 감정을 완화시켰습니다. 스님과 개인적으로 면담할 기회는 없었지만, 나는 그분을 지도자로서뿐만 아니라 한 인간으로 지극히 존경하게 되었습니다. 그리고 그분의 인품과 삶의 방식을 본받고 싶다고 생각했습니다.

내가 얻은 가장 큰 것은 명상을 진심으로 좋아하게 되었다는 것입니다. 좌선도 좋았지만, 아름다운 풍경 속을 걸으면서 명상을 하는 것은 최상의 즐거움이었지요. 명상을 하는 동안, 고통이 지나간 후에 나타나는 평화의 순간을 맛볼 수 있었고, 내 내부에도 기쁨과 행복이 존재한다는 것을 발견하게 되었습니다.

3월 초 다시 캐이럽의 선실에서 그레그를 보았을 때, 그의 표정은 밝았다. 나를 보자 그는 예의 웃음을 보이면서 반갑게 손을 내밀었다. 점심식사가 끝나자 그날은 일찍부터 사람들이 자리를 뜨기 시작했다. 그레그와 나는 베란다의 식탁에 앉은 채 얘기를 나누었다. 나는 매화 마을에 다녀온 후 어떻게 지냈느냐고 물었다. 그는 본격적으로 명상을 하기 위해 잭 콘필드가 이끄는 '영혼의 반석 명상센터(Spirit Rock Meditation Center)에 나갈 생각이라고 기쁨에 넘치는 표정으로 말했다.

잭 콘필드? 그러고 보니 나는 언젠가 교육방송의 종교 프로그램에서 그를 본 적이 있었다. 베이 에리어(Bay Area : 샌프란시스코 만을 중심으로 한 그 주변 지역)의 대표적인 불교 지도자 두 명이 소개되었는데, 잭이 그중 한 사람이었다. 그는 남방 불교의 위빠사나(Vipasana : 통찰 명상) 수행자로, '영혼의 반석 명상센터'를 창설하여 위빠사나를 가르치고 있었다. 그레그의 말에 의하면, 주말이면 사오백 명의 사람들이 이 센터에 모인다는 것이었다. 센터는 서해안을 끼고 있는 산기슭에 위치하고 있어서 아름다운 자연과 더불어 수행할 수 있다고 했다.

사실 나는 잭과 그의 교단에 대해 안 지 얼마 되지 않았고, 유감스럽게도 그 센터에 갈 기회도 그곳 사람들을 만날 기회도 없었다. 그래서 그레그로부터 그 얘기를 듣게 된 것이 대단히 기뻤다. 그가 말했다.

"산타바바라에서 만난 친구의 소개로 그곳 지도자 중의 한 사람인 질 프론즈달을 만났고, 최근에 그의 명상교실에도 갔었어요. 질

은 대단히 풍부한 지식을 가지고 있었고, 어려운 사상을 알기 쉽게 설명하는 능력을 가지고 있는 사람이었습니다. 그리고 대단히 헌신적인 지도자라는 인상을 받았지요. 자신의 마음의 상태와 경험의 세계를 관찰하여 본성을 터득하는 명상법인 위빠사나가 나에게 크게 도움이 될 것이라고 생각되었고, 위빠사나를 수행하기로 했습니다."

나는 그레그가 그렇게 적극적으로 얘기하는 것을 들어본 적이 없었다. 나는 그의 열렬함에 동화되어, "그래서, 불교도로서 앞으로 어떻게 살고 싶으세요?"라고 물었다. 그러자 그는 "하하하" 하고 소리내어 웃고는 그런 것에 대해 생각해본 적이 없다고 대답했다. 나는 그의 활달한 웃음소리를 들은 것만으로도 기뻤다.

그레그를 본 것은 그것이 마지막이었다. 내가 버클리를 떠날 때, 그는 '영혼의 반석 명상센터'에서 수행중이었던 것이다. 그러나 떠날 날을 며칠 앞두고 나는 그로부터 다시 한 통의 편지를 받았다.

안녕 세등,

불교도로서 무엇을 하고 싶으냐구요? Wow! That's good question! 이상적으로는 깨달음을 얻는 것이겠지요. 그리고 현실적으로는 내적 평화와 행복을 얻는 것입니다. 아직도 나는 삶에 대해 많은 두려움을 가지고 있지만, 이제 나를 컨트롤하는 방법을 알게 되었습니다. 물론 그것이 늘 가능한 것은 아니지만, 이제 더이상 부정적인 감정으로 자신을 소모하는 일은 하고 싶지 않습니다. 그리고 무엇보다도 명상을 함으로써 사람들과 더 가까워지게 된 것이 기쁩니다.

'영혼의 반석 명상 센터'에서 두 달간 수행 후 열흘 가량 등산을 떠날 예정입니다. 다녀온 후에는 질과 함께 다시 열흘간 수행할 것입니다. 그리고 9월에 메사추세츠 주에 있는 위빠사나 수행의 본고장인 '통찰명상협회(Insight Meditation Society)'에서 석 달간 수행할 계획입니다. 이 수련이 끝나면 나의 미래에 대한 보다 구체적인 설계가 가능하겠지요.

쉰두 살의 나이로 일선에서 물러나는 것은 수행할 시간을 더 많이 갖기 위해서이지요. 물질적으로는 넉넉하지 않겠지만, 더 가치 있는 생활을 하게 될 것이라고 믿습니다. 태국의 수도원에 들어가서 수행해 보고 싶기도 하지만, 노모를 편히 모실 수 있었으면 하는 바람입니다.

나는 스님이 되거나 지도자가 되려는 생각은 하지 않습니다. 지도자에게 보내는 존경과 명예를 감당할 만큼 나는 겸손하지도 않고, 남을 도울 만큼 포용력이 있지도 않거든요. 단지 지구의 한 거주자로서, 다른 사람들에게 나의 삶을 한 예로서 보여줄 수 있다면 다행이라는 생각입니다.

끝으로 세등 스님께 감사의 말씀을 전하고 싶군요. 처음 나의 과거에 대해 쓰기 시작했을 때 무척 고통스러웠습니다. 그러나 그것은 미래를 생각하기 위한 눈뜸의 과정이었다고 말할 수 있을 것입니다. 전에도 말했지만, 당신께 나의 얘기를 할 기회가 주어진 것은 나에게는 커다란 선물이었습니다.

케이럽의 일요일 아침 선실

우리는 색깔과 형태의 파라다이스에 살고 있습니다. 그것들은 언제나 거기서 우리와 함께 살고 있지만, 우리는 늘 그것에 눈멀어 있지요.

UC 버클리의 주변에는 텔레그라프 가를 중심으로 7, 8개의 크고 작은 서점들이 있는데, 그중 '샴발라Shambhala'는 주로 불교 서적을 취급하는 곳이다. 나는 곧잘 이 서점을 기웃거리곤 했는데 갈 때마다 틱 나트 한이라는 저자의 책이 많이 꽂혀 있는 것이 눈에 띄었다. 나중에 나는 그가 베트남 스님이라는 것과, 베트남전쟁 이후 프랑스로 망명한 이래 주로 유럽과 미국에서 활동하고 있다는 얘기를 들었다. 또한 마틴 루터 킹 목사가 그를 노벨 평화상 후보로 추천한 바 있다는 것도 알게 되었다.

1997년 9월, 샴발라 서점의 입구에는 그의 강연에 대한 안내문이 붙어 있었다. 처음 버클리에 도착한 1994년 봄, 그릭 극장에서 있었던 달라이 라마의 강연에 버금가는 경이로움과 놀라움을 나는 틱 나트 한의 강연장에서도 느꼈다. 버클리 고등학교의 대강당에는, 발표에 의하면, 3500여 명의 사람들로 가득 메워져 있었던 것이다. 그의 강연은 육바라밀(六波羅蜜)*을 주제로 한 것이었는데, 나는 강연보다도 거기 모인 사람들에게 더 관심이 있었다. 불교의 무엇이, 틱 나트 한의 무엇이 이들을 이곳에 모이게 했을까 하는 생각이 머릿속을 가득 메우고 있었다.

그의 신자들을 만나보면 궁금증을 풀 수 있으리라 생각하고, 나는 패럴랙스 프레스(Parallax Press)를 찾아가보기로 했다. 패럴랙스 프레스는 1985년 이래 30여 권의 틱 나트 한의 저서를 비롯하여 100여 권의 불교 서적을 출판해온 전문 출판사였다. 이 출판사는 틱 나트 한이 이끌고 있는 '깨어 있는 삶 공동체(Community of Mindful Living, 줄여서 'CML'이라 부른다)의 멤버들에 의해 창설, 운영되고 있었다. 게다가 패럴랙스 프레스는 버클리의 이웃 도시인 알바니에 위치하고 있었다.

패럴랙스 프레스는 주택가 입구에 있었고, 주택을 개조하여 출판사 사무실로 쓰고 있는 듯이 보였다. 나는 그곳에서 일하고 있는 메럴리를 찾아갔다. 그녀는 틱 나트 한의 강연회 때 티켓이 없는 나를 무료로 입장시켜준 이였다. 잠시 얘기를 나눈 후 그녀는 출판

---

* 대승불자의 여섯 가지 실천 덕목으로, 보시(布施 : 베푸는 것), 지계(持戒 : 계를 지키는 것), 인욕(忍辱 : 욕됨을 참는 것), 정진(精進 : 정성을 다하여 노력함), 선정(禪定 : 마음을 가라앉혀 삼매경에 이름), 지혜(智慧 : 미혹을 끊고 깨달음을 얻는 힘)를 말한다. 바라밀은 범어 Pāramitā의 음역(音譯)으로 도피안(到彼岸)이라 의역(意譯)하며, '저 언덕(彼岸) 즉 깨달음에 이르는 길'을 의미한다.

사 건물의 뒤편에 있는 다른 건물로 나를 안내했다. 그것은 패럴랙스 프레스의 부속건물로, 'CML' 회원들의 집회장으로 쓰이는 곳이었다. 역시 주택 건물이었는데, 거실이 법당으로 꾸며져 있었다. 창 앞에 놓인 조촐한 불상이 커다란 매화 나뭇가지로 장식되어 있었다. 마침 그날 저녁에 그곳에서 화요 정기법회가 있다고 하여 참석하기로 했다.

좌선, 행선, 토론 등의 순으로 40여 명의 신자들에 의해 자율적으로 진행된 법회가 끝나자, 시간은 이미 아홉시가 지나 있었다. 자동차 없는 미국생활은 불편한 점이 많았다. 특히 어두운 시간에 거리를 걷는 것은 위험하기 때문에 밤에 외출할 경우에는 늘 차 있는 사람의 신세를 져야 했다. 나는 메럴리에게 차편을 부탁해놓았다. 법회가 끝나자 그녀는 대중을 향해, 누군가 버클리 쪽으로 가는 사람이 있으면 나를 좀 태워주라고 말했다. 그때 손을 번쩍 치켜든 사람이 키가 큰 중년 남자 캐이럽이었다. 그는 오클랜드에 살고 있어서 어차피 버클리를 지나가야 한다는 것이었다.

그는 자신의 픽업 트럭을 운전하면서 간단히 자기 소개를 했다. 건축가이며, 불교신자가 된 지 10여 년 되었다고. 그는 '상가(Saṃgha)'를 가지고 있으며, 매주 일요일 아침 그의 집에서 모임을 갖는다. 적을 때는 서너 명, 많을 때는 열 명 가량 모이는데, 모임이 끝난 후 함께 점심식사를 하며 얘기를 나눈다. 그는 내게 그의 '상가'를 방문할 수 있느냐고 정중하게 물었다. '상가'란 범어로 '단체' 혹은 '공동체'를 의미하는데, 불교에서는 이것을 수행승의 집단(불佛, 법法, 승僧 가운데, 승에 해당) 또는 불교 교단 전체를

뜻하는 말로 사용하고 있다. 그런데 틱 나트 한의 신자들은 '불교도의 모임'은 아무리 작은 것이라도 '상가'라고 부르고 있었다. 틱 나트 한은 '즐겁게 수행할 수 있고 서로의 수행에 도움이 되는 상가를 가지고 있다면, 보살로 성숙할 수 있을 것이다' '좋은 상가와 함께 우리는 부처님을 느낄 수 있고, 진리에 눈뜰 수 있고, 깊이 자신과 만날 수 있다'라는 말들과 함께 신자들에게 '상가'를 만들 것을 장려하고 있었다. 내가 캐이럽의 '상가'를 방문한 것은 그로부터 한 달 후의 일이었다.

캐이럽 쿠싱 : 캐이럽은 버클리 힐의 조용하고 아름다운 주택가에서 태어났다. 그의 가족—부모과 두 누나—은 예술과 자연과 여행과 음식을 즐기며 여유 있는 생활을 했다. 캐이럽은 수줍음 많은 소년으로, 낚시와 캠핑과 파도타기를 좋아했다. 나중에 내게 버클리 힐의 옛집을 보여준 적이 있었는데, 그 집을 보니 그의 소년 시절이 어떠했는지 짐작이 되었다. 고풍스런 목조의 이층 건물은 나무와 수풀로 둘러싸여 있었다. 집 안에는, 거실을 비롯하여 침실의 창문 밑이며 계단의 코너까지도 붙박이 책장이 짜임새 있게 들어앉아 있었고, 음악 전문서며 문학서며 고전들이 가득했다. 그는 열여섯 살 때 대학에 가기 위해 집을 떠났다. 처음에 그는 UC 산타 크루즈(University of California at Santa Cruz)에서 인류학을 공부하다가, 나중에 UC 버클리로 전학하여 건축학을 전공했다.

그의 아버지 찰즈 쿠싱은 작곡가이며 지휘자였다. 그는 UC 버클리의 음악대학에서 40년간 프랑스 음악사를 비롯한 음악이론을 가르쳤다. 그는 심리학 등 감정적인 것을 다루는 것은 무엇이든 경멸했다. 그리고 대부분의 전형적인 교수가 그러하듯, 인간관계나 타인과의 대화는 예의 바르고 진지했고, 결코 자신의 감정이나 약한 모습을 드러내는 법이 없었다. 그래서 캐이럽은 아버지와는 감정적으로 어떠한 유대감도 가지지 못했고, 늘 두려움을 느꼈다. 반면 그의 어머니는, 예의 바르고 신중하기는 했지만, 관대하고 정이 깊은 분이었다. 그래서 그는 어머니와는 많은 이야기를 나누었다.

캐이럽이 처음 불교에 흥미를 느끼게 된 것은 헤리겔의 『궁술에 있어서의 선 Zen in the Art of Archery』이라는 책과 헤리겔 부인의 『꽃꽂이에 있어서의 선 Zen in the Art of Flower Arrangement』이라는 책을 읽은 후였다. 그리고 틱 나트 한의 저서들을 읽으면서부터 불교는 그의 삶 속에 깊이 뿌리내리기 시작했다. 처음 『이른 아침 나를 기억하라 Peace is Every Step』(서보경 옮김, 2000, 지혜의나무)를 읽었을 때 그의 마음은 행복으로 가득해졌다. 스님의 책을 몇 권 더 읽은 후 그는 스님의 지도로 행해지는 '깨어 있기 수련회 Mindfulness Practice'에 참석했다. 그곳에서 그는 친구 하나 없이 외롭게 지냈는데도, 뒤틀린 마음에 여유가 생기는 것을 발견했다. 당시 그는 결혼생활도 직업도 모두 불만스러웠고, 집에서는 늘 '화 잘 내는 남자'였다. 그의 성냄과 초조는 치료를 필요로 했고, 그래서 그는 정기적으로 세라피스트(theraphist : 임상치료사)를 만나 그의 문제에 대해 상담하고 있었다. 그런데 수련회에서 돌아오던 날 그는 "나는 더이상 세라피스트를 만날 필요가 없게 되었어"라고 말했다.

11월의 어느 비 오는 일요일 아침, 캐이럽이 그의 하늘색 픽업 트럭을 가지고 나를 데리러 왔다. 그의 집은 버클리와 오클랜드의 경계선에 있었다. 삼층의 목조건물은 도로보다 훨씬 높은 곳에 위치하고 있었고, 길에서 집까지의 경사진 터가 정원을 이루고 있었다. 나무토막을 이어서 만든 작은 계단을 걸어오르며 올려다보니 집 앞쪽으로 레몬나무와 귤나무가 열매를 달고 있는 것이 보였다. 사과나무, 배나무, 복숭아나무도 있다고 캐이럽이 내 뒤를 따라오며 말했다. 그는 당근, 시금치, 무, 토마토, 딸기 등도 계절에 따라 가꾼다며 왼쪽의 텃밭을 가리켰다. 계단의 오른쪽으로는 장미와 포도 넝쿨이 기둥을 타고 올라가 음영 짙은 지붕을 만들고 있었다. 집 뒤로는 키 큰 유칼립투스 나무들이 하늘을 찌를 듯이 버티고 서 있었다. "아름다운 집이로군요"라는 내 말에 캐이럽은 "이곳이 바로 나의 정토(淨土:아미타불이 사는 극락세계)지요"라고 말했다. 집 안은 매우 견고하고 실용적으로 지어져 있었고, 거실에는 많은 창들이 있어서 이웃들과 맞은편 언덕의 집들이 한눈에 들어왔다. 그 집은 캐이럽 자신이 설계하고 지은 것으로 환경운동의 일환으로 나타난 전원풍의 디자인과 천연의 자재를 사용한 건축양식이었다.

집 옆을 돌아 올라가니 집 뒤편의 이층과 삼층 사이에 달아내어 지은 듯한 방이 하나 있었고, 그것이 선실(禪室)이었다. 그 방은 두 면 반이 창으로 이루어져 있었다. 그 창들은 수풀로 둘러싸여 있었고 또 서편 언덕을 향하고 있어서 햇빛이 적게 들면서도 어둡지는 않았다. 창이 없는 벽면에는 긴 나무의자가 놓여 있어서 다리를 포개고 앉지 못하는 사람들이 걸터앉아서 참선을 하도록 해놓았다. 마루바닥에는 좌선을 할 때 쓰이는 방석이나 무릎덮개 등이 있을 뿐 실내에는 별다른 장식이 없었다. 그 방의 전체적인 분위기나 주위 환경은 선실로서는 그야말로 적격이었다.

아홉시가 가까워지자 사람들이 하나 둘 모습을 나타냈고, 그날 아침 그 선실에는 캐이럽과 나를 포함하여 아홉 사람—남자 셋과 여자 여섯—이 모였다. 그들은 서로 마주 보고 앉았는데, 적당한 간격을 두고 각자 자리를 잡고 앉자 그 숫자에 꼭 알맞은 크기였다.

캐이럽이 방울 소리와도 같은 종소리를 세 번 올리자 모두 좌선에 들어갔다.

틱 나트 한에 의하면 명상은 우리들이 온전히 존재하도록 도와주며, 무엇이 삶의 진실인가를 깨닫기 위해 우리 자신과 우리 주위를 깊이 들여다보는 일이다. 깊이 들여다봄으로써 명상 수행자는 통찰과 지혜를 얻는다. 이 통찰은 우리 자신을 속박으로부터 자유롭게 하는 힘을 가지고 있다. 명상의 과정에서 속박은 느슨해지고, 두려움, 성냄, 절망, 미움과 같은 내적 장애물들은 변화하여 기쁨이 되고, 인간 또는 자연과의 관계는 편해진다. 그리고 그는 집중과 통찰의 영토에 들어가기 위해서는 '의식적인 호흡' 훈련이 필요하다고 말한다. 저서 『연꽃의 개화 Blooming of a Lotus』에서 그는 이 호흡법에 대해 단계적으로 설명하고 있다. 한 예를 든다면, 숨을 들이쉴 때는 '나는 꽃이다'라고 생각하고, 내쉴 때는 '나는 신선하다'라고 느끼며 몸과 마음이 하나되게 한다.

20분간의 좌선 후 캐이럽이 다시 종을 울리자 모두들 자리에서 일어나 밖으로 나갔다. 행선을 하기 위해서였다. 선가(禪家)에서는 참선은 앉아서만(坐禪) 할 수 있는 것이 아니라, 누워서도(臥禪) 할 수 있고 걸으면서도(行禪) 할 수 있다고 말한다. 선 수행자는 언제 어디서나 무엇을 하면서도 맑게 깨어 있어야 한다는 말이다. 틱 나트한에 의하면 행선은 '걷는 것을 즐기는 것, 어딘가에 도착하기 위해서가 아니라 그냥 걷기 위해서 걷는 것'이었다. 그 목적은 과거도 미래도 생각하지 않고 단지 현재의 순간에 존재하기 위한 것이며, 무엇인가에 이끌려 마구 달려가고 있는 몸과 마음을 늦추기 위한 것이었다. 그래서 그들의 걸음걸이는 대단히 느리고 조용했

다. 몸체는 거의 움직이지 않은 채 한 발을 옮긴 후 잠시 정지했다가 다음 발을 옮기는 식이었다.

사람들은 걸으면서 나뭇가지를 만지거나 나뭇잎 위의 물방울을 퉁기거나 하면서 자연과의 대화를 즐기는 듯이 보였다. 정원을 두세 번 돌고 나서 선실로 돌아와 다시 20분간 좌선을 했다.

두번째 좌선이 끝나자 캐이럽이 조용히 입을 열었다. 그는 "오늘 우리는 특별한 손님을 한 분 모시게 되었습니다"라고 말하고, 내 소개와 함께 나와 만난 경위를 얘기했다. 그리고 나서 내게 그들에게 뭔가 얘기해줄 수 있겠느냐고 정중하게 물었다. 나는 이미 'CML'이 어떻게 그들의 모임을 이끌어가고 있는가를 보았기 때문에 약간의 준비를 해온 터였다. 마침 그 무렵 티베트 불교 잡지인 『만다라』에서 읽은 기사가 인상에 남아 있어서 그 얘기를 했다. 그것은 티베트 불교에 귀의한 한 호주 출신 비구 스님의 호스피스 활동에 관한 기사였다. 팬디 호터 스님은 1992년 이래 호주의 브리스벤에서 말기 환자를 돌보는 일을 해오고 있는데, 죽음을 맞는 사람들의 얘기가 대단히 감동적이었다.

사람들은 그들이 살아온 것과 마찬가지로 죽는다. 생전에 화 잘 내던 사람은 죽을 때도 자신에게 또는 남에게 화를 내면서 불행하게 죽으며, 생전에 친절하고 부드럽던 사람은 죽을 때 대단히 평화로운 모습으로 죽는 것을 나는 보아왔다. 이것은 우리의 삶이 죽음을 위한 준비라는 것을 여실히 보여주고 있다. 우리는 모두 살아온 것처럼 죽을 것이다.

내 얘기가 끝나자 모두 돌아가면서 죽음에 대해 얘기했는데, 20대 청년인 조엘은 아직 죽음에 대해 생각해본 적이 없다고 말했다. 그리고 캐이럽은 그의 부모님의 죽음에 대해 얘기했다.

나는 요즘 들어 나의 부모님에 대해 많은 생각을 했습니다. 그래서 이 얘기를 할 기회가 주어진 것에 대해 감사합니다. 아버지는 15년 전에 돌아가셨는데, 심장마비로 쓰러진 후 2, 3주 동안 혼수 상태에 빠져 있었습니다. 나는 아버지를 보러 병원에 가곤 했지만 그는 죽을 때까지 내게 아무 말도 하지 못했지요. 아버지가 세상을 뜬 지 6개월 후 나는 그를 간호했던 간호사로부터, 죽기 전에 아버지가 '죽는 것이 두렵다'고 말했다는 이야기를 들었습니다. 그 말을 들었을 때 나는 처음으로 아버지를 이해했습니다. 아버지는 어떻게 자신의 감정을 표현해야 하는지, 어떻게 해야 사람들에게 마음을 열고 솔직하게 대할 수 있는지를 몰랐다는 것을 말입니다. 나는 아버지가 인간으로서 얼마나 고립되어 살았는가를 생각하며 몹시 가슴이 아팠습니다. 그러나 한편으로는 죽기 전에 아버지가 자신의 감정을 표현할 사람이 있었다는 것은 얼마나 다행한 일인가 하고 기쁘게 생각했습니다. 아버지의 죽음은 내게 인생에 대한 '통찰력' 같은 것을 주었는데, 그것은 내가 불교를 만나기 전의 일이었습니다.

내 어머니의 죽음 또한 내게는 훌륭한 경험이었습니다. 어머니는 작년 여름에 여든아홉 살의 나이로 자신의 침대에서 평화롭게 죽음을 맞이했습니다. 어느 날 내가 어머니의 병상을 찾아갔을 때 그녀는 내게 이렇게 말하더군요. "창 밖의 아름다운 나무들을 볼 수 있고 새들의 노랫소리를 들을 수 있어서 얼마나 행복한지 모르겠어"라고요. 어머니가 죽기 사흘 전 나는 그녀가 좋아하는 프렌치 쿠키를 사가지고 갔었지요. 사흘 후 어머니가 돌아가셨을 때 나는 그녀의 머리맡에 그 쿠키가 그대로 놓여 있는 것을 발견했습니다. 어머니는 그것을 먹지 않기로 결심했고, 그녀의 죽음은 스스로 선택한 것임에 틀림없다고 나는 믿고 있습니다.

캐이럽의 얘기를 끝으로 모두들 자리에서 일어났다. 아침에 잠시 주춤했던 비가 다시 내리고 있었다. 두 명은 자리를 뜨고 나머지는 다이닝룸으로 건너가 점심식사 준비를 시작했다. 사람들이 각자 집에서 만들어온 라자니아며 샐러드며 빵이 식탁 위에 올려졌다. 그리고 캐이럽이 만들었다는 복숭아 잼과 레몬-버베나 차와 정원에서 갓 따온 오렌지 등이 놓여졌다. 캐이럽은 어린 시절부터 음식과 요리에 흥미가 있었다고 한다. 신기해하는 나를 보고 그는 "내게는 부엌이 집 안에서 가장 좋은 곳이죠. 늘 따듯하고 맛있는 음식 냄새가 흘러나오니까요"라고 웃으며 말했다. 모두 식탁에 둘러앉자, 캐이럽이 공양게(供養偈:음식을 먹을 때 읽는 글)를 읽었다. 그것은 아마도 틱 나트 한의 개작인 듯했다.

    이 음식은 온 우주로부터의 선물입니다.
    땅과 하늘과 많은 힘든 일이 만들어낸 것입니다.
    이 음식을 받을 가치가 있는 삶을 살게 하여주소서.

우리의 거친 마음 상태, 특히 탐욕심을 버리게 하소서.

몸에 영양을 제공하고 병을 막기 위한 음식만을 받게 하소서.

수행의 길을 완성하기 위하여 이 음식을 받겠습니다.

점심식사가 끝나고 식탁이 정리되자 다시 두 명이 자리를 뜨고, 나를 포함한 네 명의 여자가 남아 있었다. 모녀지간인 사라와 이사벨은 거실에서, 그리고 앰버와 나는 식탁에 앉은 채 각각 얘기를 나누었다. 캐이럽은 앰버와 내가 주고받는 얘기를 들으며 주방에서 뒷정리를 하고 있었다. 우리가 얘기를 나누고 있는 동안 캐이럽의 가족들이 이층의 거실과 다이닝룸을 들락날락하고 있었다. 놀랍게도 캐이럽의 부인 바바라는 수피(Sufi : 이슬람의 신비주의자)로, 10여 년간 '침묵의 명상'을 수행해오고 있었다. 그래서 캐이럽과 바바라는 각각 다른 방식으로 수행하고 있다는 것이었다. 그들은 슬하에 2남1녀를 두고 있었다. 키가 큰 핸섬보이 윌리는 고등학생으로 학구파여서 늘 제 방에서 공부하고 있었다. 언젠가 다이닝룸에서 스낵을 먹고 있는 고명딸 레이첼과 막내아들 베니에게 내가 물었다. "아빠가 집에서 불교도의 모임을 하는 것을 어떻게 생각하니?" 열세 살의 아름다운 소녀 레이첼이 "좋은 사람들이 우리집에 많이 와서 좋아요"라고 말하자, 여덟 살 난 귀여운 소년 베니는 "그리고 그들은 맛있는 쿠키를 가지고 오죠"라고 덧붙여 말했다.

그날 이후 나는 가끔 캐이럽의 선실을 방문하여 그들의 평화로운 아침에 동참했다. 5, 6명의 고정멤버 외에 새로운 사람들이 나타나기도 하고 또 오랜만에 얼굴을 내미는 오래된 멤버들도 있었다. 그런데 캐이럽이 틱 나트 한의 수련회에 참석할 때는 그들의 모임은 중단되었다. 그해 12월과 이듬해 1월에 걸쳐서 한 달 동안 캐이럽은 프랑스의 매화 마을로 떠났고, 그 동안 그의 선실은 문을 닫았다.

매화 마을은 스님을 비롯한 일반신도들을 위한 수행도량으로, 1982년 틱 나트 한에 의해 창설되었다. 매화 마을에서는 여름에 한 달, 겨울에 세 달, 일 년에 두 번의 수행기간을 두고 있었다. 여름 수련회(Summer Opening)는 가족과 친구들이 더불어 할 수 있는 시간으로, 자신과 세상이 함께 평화롭게 살 수 있기 위한 수련에 중점을 두고 있었다. 이 기간 동안에는 장미 페스티발, 만월 페스티발, 조상을 기리는 날, 히로시마의 날 등의 프로그램이 있는가 하면, 6~15세의 어린이를 위한 프로그램도 있었다. 겨울 수련회(Winter Retreat)는 '깨어 있기 수행 Mindfulness Practice'에 대한 이해를 깊이 하고, 그 수행을 일상생활 속에서 활용할 수 있도록 하는 것이 수련의 목적이었다. 여름과 겨울의 수련기간 동안 사람들은 짧게는 일 주일, 길게는 한 달 내지 세 달 동안 그곳에 머물 수 있는데, 일 년에 만 명 이상이 그곳을 다녀간다고 한다.

캐이럽이 가지고 온 겨울 수련회의 스케줄을 보니 아침 5시부터 밤 9시 30분까지의 일과는 그다지 빡빡하지 않았다. 아침식사 전과 저녁식사 후에 좌선과 독경 시간이 들어 있었고, 낮 동안에는 걷거나 일하면서 하는 참선 시간이 많았고, 강의와 토론과 차 마시는 시간 등이 포함되어 있었다. 그리고 일 주일에 한 번 게으름 피우

선실 앞에 앉은 캐이럽

는 날도 있었는데, 모든 활동이 '깨어 있는 삶'을 실천하기 위한 수행의 연장선이었다. 패럴랙스 프레스의 편집인인 아니(Arnie Kotler)의 말에 의하면, '깨어 있기 수련회는 일상생활의 모든 활동에서 속도를 늦추기 위한 시간이며, 모든 순간에 깨어 있을 수 있는 방법을 발견하기 위한 시간'이다.

1월 중순경에 캐이럽이 매화 마을에서 돌아오자 그의 선실은 다시 문을 열었다. 어느 햇빛 찬란한 일요일 아침, 나는 다시 그의 '상가'를 방문했다. 캐이럽에게 나를 데리러 오게 하는 것이 미안하기도 하여 걸어서 50분 거리를 나는 걷기로 했다. 아직 인적이 드문 칼리지 가의 상점가를 걷고 있는데 어디선가 휘파람 소리가 들렸다. 개의치 않고 그냥 걷자니, 다시 한번 '휘익' 하고 좀더 길고 강한 휘파람 소리가 고막을 두드렸다. 소리 나는 곳을 보니, 건너편 찻길에서 하늘색 픽업 트럭의 운전석에 앉은 캐이럽이 만면에 웃음을 띠고 나를 향해 손짓을 하고 있었다. 차의 통행이 없는 거리를 가로질러 그에게 달려갔다. 그는 사라를 데리러 갔다 오는 중이었다. 내가 차에 오르자, 사라는 나의 뺨에 소리를 내며 키스를 했고 캐이럽은 그의 커다란 손으로 내 손을 쥐고 흔들었다. 우리는 그렇게 재회를 했고, "또다른 좋은 날!" 하고 입을 모으며 행복해 했다.

그날 아침 캐이럽의 선실에는 열 명—남자 넷 여자 여섯—이 둘러앉았다. 첫번째 좌선이 끝나자, '행선'을 하기 위해 모두들 정원을 향해 걸어내려갔다. 오랜 비 끝의 눈부시게 빛나는 아침이었고, 그것은 그날 토론의 주요 화젯거리가 되었다. 사라가 말했다.

"나는 오늘 아침 '행선'을 하면서 틱 나트 한이 하신 말씀을 상기했습니다. 여러분과 함께 그 말씀을 음미하고 싶군요. '우리는 색깔과 형태의 파라다이스에 살고 있습니다. 그것들은 언제나 거기서 우리와 함께 살고 있지만, 우리는 늘 그것에 눈멀어 있지요.'"

그리고 그날 처음으로 캐이럽의 선실에 나온 마우린도 눈부신 아침을 찬양했다.

"나는 오늘 아침 여러분과 함께 정원을 걸으면서 새로운 사실에 눈뜨게 되었습니다. 잎사귀 위의 이슬방울들, 물 속에 비친 나무 그림자, 햇빛의 색깔 등, 이 선실로 걸어올라올 때는 보지 못했던 것들이 모두 눈에 들어오는 것이었습니다. 틱 나트 한의 말씀처럼 우리가 마음의 눈을 열기만 하면 이 아름다움은 늘 그곳에 있다는 것을 나는 오늘 깨달았습니다.

여러분과 함께 정원을 걷는 동안 나는 행복감에 젖어 있었고, 여러분을 둘러보니 모두 웃는 얼굴이었습니다. 우리가 정원에서 원을 그리고 돌면서 벙실벙실 웃고 있는 것을 누군가가 보았다면, 아마도 그들은 우리를 정신 나간 사람들이라고 생각했겠지요. 그러나 우리가 이 행복감을 함께 할 수 있다는 건 얼마나 멋있는 일입니까. 우리가 만약 늘 이러한 따듯함에 둘러싸여 있다면 그것은 얼마나 복된 일이겠습니까."

어느 일요일 오후 나는 캐이럽의 부인 바바라와 애기할 기회를 갖게 되었다. 캐이럽의 선실에 드나들면서 캐이럽과도 좋은 우정을 나누게 되었지만, 나는 그의 부인 바바라에게 대단히 관심이 있었다. 그리고 나를 향한 그녀의 눈빛에서도 따듯함 이상의 것을 느꼈었다. 게다가 그녀는 내가 그때까지 보아온 다른 미국 여자와는 완전히 달랐다. 일요일마다 사람들이 몰려와 그녀의 집에서 하루 종일 진을 치고 있건만 그녀는 그런 것에 조금도 개의치 않았다. 뿐만 아니라 그녀의 남편이 '상가' 멤버의 다른 여자들과 늘 어울려 다니는 것에도 전혀 신경을 쓰지 않았다. 처음에 나는 그들의 부부관계에 문제가 있는 것은 아닐까 하는 의구심을 품기도 했었다. 그러나 나는 곧 그들이 완전한 신뢰를 가지고 서로를 존중하고 있기 때문이라는 것을 알게 되었다. 또한 그녀가 정신적으로 독립된 자기의 세계를 가지고 있기 때문이며, 남편이 하는 일의 가치를 충분히 인정하고 있기 때문이라고 생각했다.

내가 그녀에게 어떤 수행을 하느냐고 묻자 그녀는 두꺼운 책을 한 권 들고 와서는 명상에 대해 설명하고 있는 부분을 열어 보였다. 놀랍게도 그 명상법은 불교적인 색채를 많이 띠고 있었고, 요가수행과도 흡사했다. 그녀의 말에 의하면 명상 지도자가 인도에서 수행한 적이 있기 때문이라는 것이었다. 그녀는 여러 가지 수행법 중에서 누워서 하는 '침묵의 명상'을 하는데, 수행 도중에 잠들지 않기 위해 그녀는 눕지 않는다고 했다. 해인사 보현암에서의 나의 수행담을 얘기했더니 그녀는 대단히 주의 깊게 들었다. 우리는 많은 얘기를 나눈 것은 아니었는데, 서로 깊은 공감대를 형성했고, 너무 늦게 만난 것을 안타깝게 생각했다.

캐이럽은 나를 데려다주기 위해 차를 몰면서, 바바라를 어떻게 생각하느냐고 내게 물었다. "평범한 여자가 아닌 것 같아요. 그녀는 수준 높은 수행자가 될 수 있다고 생각해요"라고 내가 대답하자 그는 "맞아요, 맞아요"라고 말했다. 내가 그에게 "함께 불교의 수행을 하고 싶다고 생각하지 않나요?"라고 묻자 그는 "언젠가는 그렇게 되겠지요"라고 대답했다. 나는 바바라가 이슬람교의 수행자로서 자신의 내면세계를 계발해가는 것에 아무런 이의가 없었다. 그러나 이왕이면 수행에서도 캐이럽과 좋은 길동무가 되었으면, 그리고 둘이서 함께 일요일 아침의 선실을 이끌어갔으면 하는 바람이었다.

마지막으로 내가 캐이럽의 선실을 방문했을 때도 그는 나를 집까지 데려다주었다. 언젠가 나는 그에게 내가 하고 싶은 일 중의 하나는 한국에 외국인을 위한 국제 선 센터를 세우는 일이라고 말한 적이 있었다. 그때 나는 그에게 "건물을 짓는 일은 캐이럽이 하세요"라고 말했고 그는 "오케이"라고 응수했다. 그리고 그는 캘리포니아의 어느 전망 좋은 해변에 그것을 지을 수도 있지 않겠느냐고 말했고, 나는 그것도 좋은 생각이라고 대답했었다. 그날 마지막으로 나를 태우고 칼리지 가를 달리면서 그는 내게 미국에 살면서 포교활동을 할 생각은 없느냐고 물었다. 나는 "무슨 까닭인지 모르겠지만, 한국 또는 한국불교가 나를 필요로 한다는 생각을 떨쳐버리지 못하고 있어요"라고 대답했다. 그러자 그는 "우리도 당신이 필요해요. 세상이 당신을 필요로 하죠"라고 조용히 말했다. 나는 깊은 감동으로 "고마워요 캐이럽, 그 말 명심할게요"라고 말했다. 잠시 후 내 아파트 앞에서 우리는 여느 때와 다름없는 작별을 했다. 그러나 나는 그의 붉어진 눈을 보았고, 나의 눈에도 눈물이 고이는 것을 참지 못했다.

메어리의 결혼과 작은 영혼

우리는 우리의 마음을 가지고 이 세상을 만든다. 만약 우리가 서로 진심으로 말하고 행동한다면, 행복은 마치 그림자가 따르는 것과 같을 것이다.

버클리에 도착한 이래 나는 두 곳의 영어학교에서 영어 공부를 했다. 하나는 UC 버클리의 부설인 ELP(English Language Program)였고, 다른 하나는 버클리 아카데미라는 사설학원이었다. ELP는 훌륭한 영어학교였지만 수업료가 대단히 비쌌고, 버클리 아카데미는 수업료가 싼 대신 시설이나 경영이 그다지 좋지 않았다. 그러나 선생님들이 인간적이고 학생들과 가까웠다. 이듬해 가을 나는 버클리 아카데미에서 영어 선생과 학생의 관계로 메어리를 만났다. 나의 미국인 불자 친구들은 모두 나와 만났을 때 이미 불교도가 되어 있었는데, 메어리만은 예외였다. 그녀는 나로 인해 불교와 인연을 맺게 되었고, 그래서 나는 그녀가 가정을 형성해가는 과정에서 중요한 역할을 하게 되었다.

메어리가 처음 우리 교실에 들어왔을 때, 그녀는 그다지 나의 주의를 끌지는 않았다. 그녀는 중키에 마른 편이어서 날씬한 몸매를 하고 있었고, 푸른 눈에 금발을 한 전형적인 백인 여자였다. 30대 중반의 독신 여성으로, 나중에 알았지만 UC 버클리에서 이태리어로 Ph. D.를 취득했고, 퍼듀 대학에서 강의한 경력을 가지고 있었다. 잠시 공백기를 이용하여 버클리 아카데미에 왔고, 내가 소속된 반을 맡게 되었던 것이다. 말투는 담박했고, 강의는 재미가 없었다. 그녀의 강의가 불만스러워 다른 반으로 옮겨가는 학생들도 있었다. 그런데도 그녀는 아무런 동요도 보이지 않고, 성심껏 강의에 전념했다. 뿐만 아니라, 고학력 여성이나 선생으로서 가질 법한 우월적인 태도도 보이지 않았다.

메어리가 우리 반을 가르치기 시작한 지 2개월쯤 지났을 때, 나는 버클리 아카데미에 다니는 것을 그만두었다. 매일 외출해야 하는 번거로움과 시간낭비를 줄이고, 논문 쓰는 일에 몰두하기 위해서였다. 일어로 논문을 써야 했고 또 학생 신분이 아닌 나로서는 영어를 사용하는 일이 그리 많지 않았기 때문에 영어 공부는 계속하고 싶었다. 그래서 메어리에게 내 개인교사가 되어달라고 부탁했다. 개인교사에게 지불해야 할 수업료가 내심 걱정이었는데, 다행히도 그녀는 타산적인 사람이 아니었다. 시간당 얼마를 지불해야 하느냐고 묻자 얼마를 받으면 부담이 없겠느냐고 오히려 반문하는 것이었다.

일 주일에 세 번 버클리 전철역 근처의 '주피터'에서 만나 공부하기로 했다. '주피터'는 카페 겸 바였는데, 이층은 낮 손님이 거의 없어서 늘 우리 차지였다. 그녀와 함께 있는 두 시간 동안, 반은 회

화를 하고 나머지 반은 내가 쓴 수필을 그녀가 교정해주는 것으로 시간을 보냈다. 그녀와 함께 공부하는 동안 나는 세 편의 수필을 썼는데, 그녀는 내가 무엇을 말하려 하는지 정확하게 이해했고, 잘못된 부분을 적절하게 고쳐주었다. 그녀의 교수 방식은 내게는 완벽한 것이었다.

때때로 개인적인 얘기도 주고받았다. 어느 날 그녀는 남자친구 브와니에 대해 얘기해주었다. 브와니는 인도 사람으로, 스탠포드 대학에서 컴퓨터 공학으로 Ph. D.를 취득한 후 퍼듀 대학에서 강의하고 있었다. 메어리는 퍼듀 대학에서 강의를 할 때 친구의 파티에서 그를 만났다고 했다. 공부가 끝난 후 그녀는 조심스런 얼굴로 말을 꺼냈다. 브와니가 그의 가족을 만나러 인도로 떠났는데, 무사히 긴 여행을 마치고 돌아올지 걱정이라는 것이었다. 부모님께 그들의 결혼 허락을 받을 예정인 모양으로, 메어리는 몹시 걱정되는 듯했다. 그녀는 내게 브와니를 위해 기도해줄 수 있는지 물었다. 그러마고 나는 흔연히 대답했다. 그리고 나는 그가 돌아올 때까지 이 주일간 아침마다 예불이 끝난 후 그와 메어리를 위해 기도했다.

공부를 시작한 지 석 달 가량 지났을 때, 갑자기 작별의 날을 맞았다. 그녀는 4월에 인디애나주로 브와니를 보러 가서 얼마 동안 그곳에서 머물 예정이었고, 나는 5월에 여름방학이 시작될 무렵 일시 귀국할 예정이었다. 브와니는 UC 버클리나 UCLA에서 가르치기를 원하여 두 곳에 지원서를 보내려 하고 있었다. 어느 쪽에서든 받아만 준다면 결혼을 하고 그곳에서 신접살림을 차릴 계획이었다.

그녀가 인디애나로 떠난 지 이 주일 후 한 장의 카드가 왔다. 제이콥 로렌스의 수채화에 적힌 메어리의 간결한 문장 속에는 반가운 소식이 담겨 있었다. 브와니가 가을학기부터 UCLA에서 강의를 하게 되었고, 12월에 결혼식을 올리려 한다는 내용이었다. 결혼식 때 친구들이 뭔가를 읽어주었으면 하는데, 내게는 불교경전 중에서 좋은 글귀를 발췌하여 읽어주면 좋겠다는 것이었다. 기꺼이 그 제의를 받아들였다. 서둘러 메어리에게 답장을 하고 나서 미국 도착 후 첫번째 귀국을 위한 준비를 시작했다.

나는 한 달을 한국에서 보내고 동경에 잠시 들른 후 6월 말경에 버클리로 돌아왔다. 전화 자동응답기에 메어리의 목소리가 남겨져 있었다. 내가 도착한 바로 그날 아침 샌프란시스코의 자기 아파트를 정리하고 LA로 떠난다는 것이었다. 섭섭한 마음 형언할 수 없었다.

버클리의 다양한 인종과 그 독특한 복합문화 속에 묻혀 다시 그곳에서의 내 생활을 즐기기 시작했을 때, 메어리로부터 엽서가 날아왔다.

헬로우 세등!

세등을 만나지 못한 채 샌프란시스코를 떠나게 되어 얼마나 섭섭했는지 몰라요. 수일 내로 브와니와 나는 아래 주소로 이사를 하게 될 거예요…… 곧 소식 듣기를 바라며, 메어리.

떨 듯이 반가웠다. 곧 답장을 보냈고, 그후부터 우리는 전자우편을 주고받았다. 브와니는 새 생활에 적응하기 위해, 메어리는 결혼 준비로 각자 몹시 바쁘게 지내고 있었다. 그녀는 결혼식에서 있을 '낭독'에 대해 써보냈는데, 브와니의 남동생이 힌두교 경전에서, 그의 친구가 유대교 성전에서, 메어리의 여동생이 복음서 중에서 무엇인가를 읽을 예정이라고 했다. 나는 메어리 친구로 그 자리에 끼게 될 모양이었다. 그리고 그들의 결혼식은 아시아 박물관의 정원에서 행해질 것이라고 했다.
불교 경전 속에서 결혼식에서 읽을 만한 대목을 찾는 것은 쉬운 일이 아니었다. 캠퍼스에 있는 동아시아 도서관에 가서 이것저것 뒤져보았지만 마땅한 것이 없었다. 몇 가지를 발췌하여 보내보았는데 썩 마음에 들지 않는 눈치였다. 드디어 초기 경전 속에서 몇몇 좋은 문장을 발견했고, 그것을 보냈다. "I love it!"이라는 메어리의 답장을 받고서야 안심이 되었다. 그리고 며칠 후 청첩장과 왕복 비행기 티켓이 날아왔다.

　결혼식 참석을 겸해 LA를 돌아보려고 결혼식을 나흘 앞두고 LA로 떠났다. 나흘간 한국인 친구 집에서 머물렀는데, 도착한 다음날 코리아타운에서 메어리를 만났다. 헤어진 지 8개월 만의 일이었다. 그녀는 마치 며칠 전에 만났던 사람처럼 담담하게 대했으나, 두 눈에는 반가운 빛이 역력했다. 그녀는 나를 그녀의 집으로 데리고 갔고, 그래서 브와니와 첫 대면을 했다. 조용한 웃음과 품위 있는 태도가 젊은 인디언 성자를 연상케 하는 사람이었다. 나는 결혼선물로 서울서 가져온 자그마한 청자향로를 그들 앞에 내놓았다.

　그날 오후 나는 그들과 함께 LA 카운티의 파사데나 시에 있는 태평양아시아박물관(Pacific Asia Museum)을 보러 갔다. 박물관은 마치 고대중국 거부의 집이 그랬음직한 고풍스러운 모습을 하고 있었다. 흙벽과 기와지붕을 한 이층 건물은 회랑식으로 지어져 있었고, 그 중앙은 사각의 정원을 이루고 있었다. 정원 한쪽에는 작은 연못이 있었고 약간의 돌 조각품이 여기저기 놓여 있었다. 크고 작은 갖가지 나무들의 조화 속에 흰 목련이 만발해 있었다. 메어리와 브와니가 사무실에서 일을 보고 있는 동안 나는 갤러리를 둘러보았다. 태평양에 면해 있는 아시아 여러 나라의 미술품들이 전시되어 있었는데, 불교 미술품도 많이 포함되어 있었다.

　1996년 12월 21일, 드디어 메어리와 브와니의 결혼식 날이 되었다. 나는 오후 다섯시 반쯤 박물관 앞에 도착했다. 정원으로 연결되는 박물관의 입구를 통과하자 결혼식장으로 꾸며진 정원의 전모가 한눈에 들어왔다. 정면의 벽 바로 앞에는 지반이 계단 서너 개 위의 높이로 무대를 이루고 있었는데, 주변의 나무들이 보기 좋게 어우러져 있었다. 무대 옆쪽의 큰 나무 아래에는 두 명의 인도인 악사—흰 수염을 길게 늘어뜨린 노인과 몸이 가냘픈 젊은 여자—가 인도 전통음악을 연주하고 있었다. 앞에는 흰 의자들이 줄지어 놓여 있었고, 갓을 쓴 큰 키의 램프들이 여기저기서 불을 밝히고 있었다. 램프처럼 생긴 스토브들도 붉은 얼굴을 하고 그들 사이에 섞여 있었다. 하객들의 대부분이 백인이었는데, 나 이외에도 약간의 아시아인이 눈에 띄었다. 브와니의 친지인 듯한 대여섯 명의 인도인과 중년의 중국인 부부가 그들이었다. 사람들은 삼삼오오 모여서 얘기를 나누고 있었다.

나는 정원 입구에 선 채로 메어리와 브와니의 모습을 찾았다. 양복 입은 사람들 속에서 인도 의상을 입은 신랑신부를 찾는 것은 쉬운 일이었다. 메어리는 금빛이 감도는 오렌지색 의상을 입고 있었는데, 몸에 붙는 바지 위에 허리가 잘록하고 밑이 퍼진, 무릎까지 내려오는 스커트를 입고 있는 모습이 귀여웠다. 같은 색의 스카프가 등뒤로 길게 드리워진 것도 멋있어 보였다. 브와니도 같은 색의 인도 의상을 입었는데 검은 재킷을 그 위에 겹쳐입고 있었다. 사람들과 얘기를 나누고 있던 메어리는 나를 발견하자마자 환한 표정으로 걸어왔다. 화장을 짙게 하지 않은 신부의 얼굴은 신선해 보였고 더 친근감이 갔다. 그녀의 얼굴에는 행복이 넘쳐흐르고 있었다.

여섯시가 조금 넘어서 결혼식이 시작되었다. 인디언 악사들의 연주가 중단되고 하객들은 의자에 앉거나 주변에 서 있었다. 나는 회색 장삼에 자주색 가사를 걸치고 무대 가까이 서 있었다. 무대 위에는 제프라는 이름의 젊은 목사가 중앙을 조금 비켜서 서 있었고, 다른 한쪽에는 메어리와 브와니가 제프 쪽을 향해 서 있었다. 제프의 간단한 인사말에 이어 브와니의 남동생이 무대로 올라갔다. 그가 『바가바드기타』에서 발췌한 글을, 이어서 메어리의 여동생이 성경 구절을 읽고 내려오자, 제프가 내 이름을 불렀다. 나는 무대에 올라갔고, 천천히 그리고 또박또박 준비된 글을 읽었다.

나는 오늘 붓다의 말씀 중에서 두 가지를 오늘의 주인공과 여러분께 선사하고자 합니다. 그 하나는 "가정이란, 하나의 마음이 다른 마음들과 더불어 사는 곳을 말한다. 만약 이 마음들이 서로 진실로 사랑한다면, 그 가정은 아름다운 꽃밭처럼 늘 평화로울 것이다"라는 것입니다. 그리고 다른 하나는 "우리는 우리의 마음을 가지고 이 세상을 만든다. 만약 우리가 서로 진심으로 말하고 행동한다면, 행복이 그를 따르는 것이 마치 그가 드리우는 그림자가 그를 따르는 것과 같을 것이다"라는 것입니다. 오늘의 나의 기도가 여러분과 늘 함께 하기를 바라겠습니다.

내가 무대에서 내려온 후 누군가가 유대교 성전의 글을 읽었다. 낭독이 모두 끝나자 제프의 진행에 따라 다 함께 일 분간 명상을 했다. 그리고 나서 메어리와 브와니가 무대 중앙에 마주 보고 서고 제프가 그들 앞에 서서 신랑신부의 서약의식을 거행했다. 반지교환이 있은 후 신랑신부가 키스를 하는 것으로 결혼식이 모두 끝났다. 20분 정도 걸렸을까, 지극히 심플한 의식이었다. 인디언 악사들이 다시 연주를 시작했고, 신비로운 음악이 정원 구석구석 울려퍼졌다.

잠시 후 정원은 디너파티 홀로 바뀌었다. 인도인 악사들은 보이지 않고, 트리오의 재즈밴드가 경쾌하면서도 조용한 재즈를 연주하고 있었다. 정원 한쪽에는 미국 음식이, 다른 한쪽에는 인도 음식이 풍성하고도 정갈하게 준비되어 있었다. 사람들은 각자 음식을 큰 접시에 담아서 테이블로 가지고 갔다. 나는 메어리의 친구들과 한 테이블에서 식사를 했다.

그후 메어리를 다시 만난 것은 이듬해 봄이었다. 그녀는 여동생의 출산을 돕기 위해 버클리의 이웃도시인 엘세리토에 와서 일 주일간 머물렀고, 그 동안 나는 두 번 그녀를 만났다. 그녀는 주로 신혼여행을 겸해 인도에 갔던 얘기를 들려주었다. 캘커타에 있는 브와니의 거대한 집에는 그의 가족은 물론 친척들이 다 함께 모여 살고 있었다. 메어리는 그와 같은 대가족제도에도 놀랐지만, 여자들은 모두 하인처럼 일을 하고 있는 데 반해 남자들은 놀고 있다는 사실에 충격을 받은 모양이었다. 게다가 그들은 메어리도 당연히 그렇게 해야 하는 것으로 생각하더라는 것이었다. 다행히도 브와니는 메어리의 문화충격을 잘 이해해주었고 그녀의 의사를 존중했다. 그래서 그들은 인도에 머무는 동안 호텔에 묵었다.

메어리가 LA로 돌아간 후 우리는 계속해서 전자우편을 주고받았다. 그러나 시간이 지나면서 점차 소식이 뜸해지고 나중에는 한동안 연락이 두절되기도 했다. 그리고 연말이 다가왔다. 나는 이듬해 봄에 미국을 떠날 생각을 하고 있었다. 그래서 그 사실도 알릴 겸해서 크리스마스가 가까워질 무렵 그녀에게 카드를 보냈고, 그녀로부터 곧 답장이 왔다. 그녀는 카드의 안쪽과 뒷면에 빽빽하게 사연을 적어 보냈다. 그들은 단독주택으로 이사갈 계획을 하고 있었고, 새 집이 정리되는 대로 나를 초대하고 싶다고 했다. 또 한 가지 나의 주의를 끈 것은 그들이 LA 선 센터에 참선지도를 받으러 갔었다는 사실이었다. 그들은 둘 다 언제부터인지 참선에 관심을 가져왔고, 몇 번 더 지도를 받은 후 집에서 일과로 할 수 있었으면 하고 생각하고 있다는 것이었다.

그런데 편지의 마지막 대목이 나의 심금을 울렸다.

지금까지 아무런 성과도 없지만, 아직도 우리는 아이를 갖기 위한 노력을 계속하고 있답니다. 다달이 임신이 되지 않은 것을 발견하는 것은 얼마나 고통스러운 일인지요. 그러나 우리의 '작은 영혼'은 언젠가는 우리를 찾아오겠지요…….

그녀가 가끔 아이를 갖고 싶다고 말하는 것을 듣기도 했고, 또 여동생이 딸아이를 낳았을 때도 몹시 부러워하는 듯이 보였지만 나는 예사로 지나쳤다. 그런데 편지 끝에 적힌 이 말이 묘하게 내 마음을 자극했다. 그리고 며칠이 지나도록 그녀에 대한 연민의 정이 사라지지 않고 계속 마음이 쓰이는 것이었다. 문득 불교식으로 기도를 해보라고 말해볼까 하는 생각이 스쳤다.

불교는 자력(自力)으로 깨달음을 이루는 것을 목적으로 한다. 그래서 초기 경전에는 타력(他力)에 의지하는 기도의 개념이 나타나지 않는다. 그러나 대승경전에는 많은 보살들이 등장하여 고통받는 중생을 제도할 것을 서원한다. 이 보살들이 후세에 기도의 대상이 되었고, 관세음보살이 그 대표적인 예이다. 그는 세상의 소리를 관찰하여(觀世音) 고통받는 사람들을 그 고난으로부터 건져주기를 원하는 보살이다. 나는 내 모친이 관세음보살께 기도를 하여 태어난 딸이다. 모친의 영향으로 나는 어릴 때부터 관세음보살에 대한 신앙심이 깊었다. 학문을 시작한 이래 교리를 따지고 분석하는 일을 해오면서도 관세음보살에 대한 믿음만은 변치 않았다. 사실 나는 기도란 간절히 바라는 본인의 의지가 중요하다고 생각하고 있지만, 보이지 않는 존재의 도움 또한 필요하다고 믿고 있었다. 물론 그 목적이나 의도가 잘못되었거나 인연이 맞지 않는 일은 이루어지지 않는다고 생각하지만. 메어리의 경우, 그녀의 간절한 마음에 기도가 더해진다면 그녀의 소원은 반드시 이루어질 것이라고 생각했다.

여기까지 생각하면서도 나는 섣불리 그녀에게 기도할 것을 권하지 못하고 있었다. 그녀가 만약 기도나 불교에 대한 확신이 부족하다면 소용없는 일이 될 것이고, 또한 만의 하나 임신이 되지 않는다면 나는 부질없는 일을 한 셈이 되기 때문이었다. 그래서 나는 그녀에게 말하지 않고 혼자서 그녀를 위해 기도를 하기로 마음먹었다. 그런데 그날 밤 나는 신기한 꿈을 꾸었다. 꿈속에서 나는 당시 내가 가끔 방문하던 버클리 수도원에 가 있었다. 헝슈어 스님과 인사를 하고 나서 사무실로 들어섰는데, 그곳은 병원의 영아실 같은 곳이었다. 다음 순간 나는 갓난아기를 안고 있었고, "이 아이를 제 엄마 품에 안겨주어야 할텐데……"라고 생각하고 있었다. 이른 아침 꿈에서 깨어나자 나는 곧바로 기도를 시작했다. 1998년 1월 1일이었다.

나는 메어리에게 어떻게 말해야 할지 궁리한 후 그녀에게 통신문을 띄웠다.

하이, 메어리! 나는 메어리가 그렇게도 애타게 기다리는 '작은 영혼'을 위해 관세음보살님께 기도를 시작했어요. 관세음보살은 자비의 상징으로 모든 불교국에서 가장 널리 신앙의 대상이 되고 있지요. 더 자세히 알고 싶으면 존 블라필드의 『자비의 보살 Bodhisattva of Compassion』이라는 책을 읽어보도록 하세요. 메어리와 브와니가 직접 기도하는 것이 가장 바람직하다고 생각하는데, 혹 나와 함께 기도할 의향은 없는지요?

그리고 나는 기도 방법에 대해서도 적어 보냈는데, 이것은 내가 그들을 위해 고안한 것으로, 한국불교가 행하는 기도 방법을 기초로 한 것이었다. 1) 10~20분간 좌선을 할 것. 2) 범어로(범어 발음이 그들에게는 더 편할 것이므로) '관세음보살'을 108번 부를 것. 3) 영역 반야심경을 낭독할 것. 4) 끝으로 자신이 만든 '기원문'을 낭독할 것. 5) 이것을 하루에 한 번, 백 일간 계속할 것.

그녀로부터 즉시 답장이 왔다.

우리의 '작은 영혼'을 위해 기도하고 있다니, 얼마나 감격했는지요…… 기도에 대한 설명을 보니, 기도란 곧 수행이요 규율이며, 단순히 기원에 매달리는 행위가 아니라는 생각을 했어요. 브와니와 나는 기꺼이 세등과 함께 기도하기를 원해요.

그리고 그녀는 108이라는 숫자에 특별한 의미가 있느냐고 물어왔고, 불교에서는 인간의 번뇌를 108가지로 분류하고 있다고 대답해주었다. 나는 메어리에게 기도하는 데 필요한 물건들을 알려주었다. 간단한 불단을 만들기 위해 작은 탁자와, 그 위에 올려놓을 작은 향로, 초꽂이 등을 준비하라고 했다. 108염주를 구할 수 있다면 염불하는 데 편리할 것이고, 좌선할 때 쓰는 방석도 원한다면 마련하라고 했다. 그런데 그들은 곧 이사할 계획이었고, 그래서 이사 후 새집에서 기도를 시작하고 싶다고 했다. 그리고 브와니는 언제 그들이 기도를 시작하면 좋을지 메어리를 통해 내게 물어왔다. 나는 그냥 음력 설날(그들은 '중국 설날'이라고 한다)이 좋을 듯하다고 했고, 그들은 동의했다. 그렇게 해서 우리는 각각 자기 집에서 자기 스케줄에 맞추어, 바야흐로 이 세상에 태어날 '작은 영혼'을 위해 기도했다.

그후 나는 귀국 준비로 바쁜 나날을 보내야 했다. 무엇보다도 나는 미국불교에 대해 더 많이 알고 싶었다. 기회만 있으면 사원을 방문하거나 불교도들의 모임에 참석했고, 그 내용을 기록하기에 바빴다. 그러다 보니 아침 기도시간에 잠시 메어리의 일을 생각할 뿐 연락은 자주 하지 못했다. 그녀도 이사를 전후하여 많이 바쁜 모양이었다. 그런데도 그녀는 가끔 내게 전화를 해 자신들의 근황도 전하고 내 안부도 묻곤 했다. 기도를 시작하던 날도 그녀는 전화하여 마음이 너무나 편안하고 행복하다고 말했다. 그녀의 차분하고 따듯한 목소리에서 나는 그녀가 희열에 차 있음을 느낄 수 있었다. 그녀는 내가 미국을 떠나기 전에 그녀를 보고 가기를 원했고, 그래서 나는 LA 공항에서 한국으로 출발하기로 했다.

 미국을 떠날 날이 가까워오자 나는 대단히 감상적이 되었다. 아쉬움과 서운함으로 마음이 착잡하기도 했고, 10여 년간의 외국생활을 끝내고 귀국하는 것이 기쁘다기보다 두려움이 앞섰다. 한국도 나도 그 동안 많이 변했을 텐데, 그 차이를 어떻게 메울 수 있을지 걱정이었다. 그러던 어느 날 메어리로부터 전화가 걸려왔다. 나의 불안정한 감정 상태와는 달리 그녀의 떨리는 듯한 조용한 목소리는 그 어느 때보다도 아름다웠다. 그녀는 "세등, 기쁜 소식이 있는데, LA에 오면 말할까 생각하기도 했지만, 세등에겐 도저히 말하지 않을 수가 없어서…… 병원에 갔더니 나 임신했다고……" 나는 잠시 말을 잃고 있었다. 우리는 서로 놀라운 기쁨을 감당하지 못해 "믿을 수가 없어! 믿을 수가 없어!"를 연발했다. 내가 기도를 시작한 지 두 달 가량, 그들이 시작한 지 한 달 남짓이 지났을 뿐이었다. 그들의 순수하고도 간절한 마음이 곧바로 하늘에 닿았던 모양이었다. 나는 그때서야 메어리에게 나의 꿈 얘기를 했다. 그녀는 그 아이가 남자아이더냐 여자아이더냐고 물었다. 나는 사내아이인 것 같았고, 갈색 피부에 둥근 얼굴이 브와니를 닮은 듯했다고 말했다. 그녀는 브와니를 닮은 사내아이를 원한다고 했다. 이 소식으로 어두워져 있던 내 마음이 활짝 개었다.

4월 5일 아침 나는 LA 공항에 도착했다. 멀리서 메어리가 나를 발견하고 뛰듯이 내게로 왔다. 그녀는 눈시울을 붉히며 말없이 나를 포옹했다. LA 시내를 가로질러 외곽의 주택지대로 진입하자, 거기 아메리칸 드림이 펼쳐져 있었다. 아름다운 수목에 둘러싸인 그림 같은 집들. 그녀의 새집은, 어린 시절 그렇게도 신기해하던 인형의 집, 바로 그것이었다. 집 안팎을 안내한 후 그녀는 나를 그들의 침실로 데리고 갔다. 남으로 난 작은 창 앞에 차려놓은 불단이 눈에 들어왔다. 나지막한 탁자 위 중앙에 청자향로가, 그 양 옆에 크리스탈 초꽂이가 나란히 놓여 있었다. 그 뒤로는 내가 보낸 아주 작은 관음보살상의 사진이 세워져 있었고, 앞쪽으로는 108염주도 놓여 있었다. 그리고 탁자 밑에는 일본의 선 센터에서 좌선할 때 사용하는 둥근 쿠션이 두 개 준비되어 있었다. 나는 그들이 기도하는 모습을 상상하면서, 흐뭇한 미소를 감추지 못했다.

나는 그녀의 집에서 2박 3일을 머물렀는데, 그녀와 함께 주택가를 산책하기도 하고 쇼핑을 하기도 하며 밀린 얘기를 나누었다. 브와니는 낮 동안은 학교에 나가고 저녁식사는 집에서 우리와 함께 했다. 그는 요리를 잘하는 남자였고, 늘 메어리와 함께 식사 준비를 했다. 그가 만든 정통 인도요리는 일품이었고, 식후에 마시는, 따끈한 우유에 인도 홍차를 우려낸 '짜이'라는 차를 나는 몹시 좋아했다. 우리는 태어날 아이를 자주 화제에 올렸다. 브와니가 "아마도 정신적인 면이 대단히 발달한 녀석임에 틀림이 없어"라고 말하자, 메어리는 "그렇다면 종교인이 되어도 좋겠지"라고 말하는 것이었다.

저녁식사가 끝나고 여덟시가 되면 그들은 어김없이 침실로 들어가 기도를 했다. 그들은 자기들의 패턴으로 기도하고 싶어했기 때문에, 나는 그들이 기도하는 동안 거실에 앉아 나대로 기도했다. 거실의 넓은 유리창 밖으로 맞은편 언덕 위의 집들이 어둠에 잠겨가고 있었고, 점점이 빛나는 불빛들은 마치 하늘의 별들이 내려앉은 듯 영롱했다. 그리고, 메어리와 브와니의 속삭임과도 같은 기도 소리가 마치 호수의 잔잔한 파문처럼 내 가슴으로 번져왔다.

관세음보살, 관세음보살, 관세음보살……

마하반야바라밀다심경 : 관자재보살(관세음보살의 다른 이름)이 깊은 반야(지혜)바라밀을 수행하여 오온(五蘊:물질과 정신을 이루는 다섯 가지 구성요소)이 다 공(空)한 것임을 비추어 보시고 모든 괴로움에서 벗어났느니라. 사리자야, 물질적 현상(色)은 실체가 없는 것(空)이며, 실체가 없음이 또한 물질적 현상과 다르지 않나니, 감각(受)과 인식(想)과 의지(行)와 식별작용(識)도 또한 이와 같나니라…….

(1998년 10월 31일 메어리는 아들을 낳았다.)

조지 브라운

게이의 천국 카스트로 가에서 만난

수행 목적이 욕망에 대한 번뇌를 제거하는 데 있다면, 한 남자가 아내와 하루에 다섯 번 성행위를 하는 것은 허락하면서 다른 남자와 일생에 한 번 하는 것은 잘못됐다는 것이 어떻게 도리에 맞는가. 달라이 라마는 크게 웃음을 터뜨리고는 '정곡을 찌르는 말이야' 라고 말했다.

마린 드레서가 쓴 『첨단의 여성불자들 Buddhist Women on the Edge』의 서문을 읽다가 카스트로에 하트포드 스트리트 선(禪) 센터가 있다는 것을 알게 되었다. 무엇보다도, 그 위치가 내 시선을 끌었다. 지난여름 서울에서 여행 온 조카 미지와 함께 카스트로 가에 가본 적이 있었다. 서양사를 전공하는 미지는 미국 문화의 여러 측면을 거의 열광적으로 배우려 했다. 나 또한 카스트로 가가 게이들의 중심지라는 것을 알고 있었기 때문에, 은근히 그 거리에 가보고 싶던 차였다.

7월의 어느 토요일 오후, 그 거리는 무척 붐볐다. 활기 넘치는 거리를 많은 게이 커플들이 다정하게 걷고 있었다. 우리는 멕시칸 레스토랑에서 저녁을 먹고, 상점들을 기웃거리다가 한 서점에서 나머지 시간을 보냈다. 거기에서 나는 처음으로 동성애에 관한 많은 책과 사진집을 보았다. 다른 세계에 관한 새로운 경험은 늘 우리를 흥분시킨다.

그때의 기억 때문에 나는 꼭 그 선 센터에 가보고 싶어졌다. 그곳 사람들을 만나고 싶었다. 전화번호부에서 주소와 전화번호를 확인하고 전화를 해보았지만 아무도 받지 않았다. 자동응답기에 메시지를 남겨놓고 답신을 기다렸다. 답신은 그 다음날 왔다. 전화를 걸어준 사람은 자신을 조지 브라운이라고 소개했다. 그는 친절한 어투로 선 센터에 대해 여러 가지 정보를 조목조목 알려주었다.

저녁예불에 참석해보려고 오후에 그 선 센터를 찾았다. 하트포드 스트리트는 카스트로 가의 뒷길이었다. 빅토리안 양식의 이층집들이 줄지어 선, 조용한 거리였다. 지하의 선실에는 칠팔 명의 사람들이 좌선을 하고 있었다. 좌선과 예불이 끝나고, 조지를 만났다. 그는 잘 찾아왔네요, 하고 미소를 지으며 말했다. 우리는 함께 일층의 거실로 올라갔다. 얘기를 하던 중에 문득 벽난로 위에 걸린 한 승려의 사진이 눈에 들어왔다. 왠지 얼굴이 낯익었다. 가까이 다가가 보았다. 몹시 수척했으나 평화로운 표정이었다. 순간 그를 기억해냈다. 샴발라 서점에 갔을 때, 어떤 책표지에서 그 아름다운 웃음을 본 적이 있었던 것이다. 곧 조지가 설명해주었다. 그 선 센터를 창설한 잇산 돌시(Issan Dorsey)의 사진이었다. 사진은 그의 만년의 모습을 담고 있었다. 잇산은 히피였고 마약 중독자였으며 게이이기도 했는데, 고 스즈키 노사(老師)를 만나면서 인생이 바뀌었다.

훗날 잇산의 전기인 『거리의 선 *Street Zen*』을 읽었는데, 단순 소박하고 자비심 깊은 인품에 깊이 감동받았다. 옛이름은 타미였다.

타미가 친구와 함께 처음으로 저팬 타운에 있는 일본 절에 갔을 때 나눈 대화가 있다. 그 대화가 너무 인상적이어서 그들의 표정을 눈앞에 그려볼 수 있을 정도였다. 타미는 긴 머리에 맨발이었고, 누덕누덕 기운 바지를 입고 있었다. 친구: "그런데 이 선 센터에서 우리는 뭘 하지?" 타미: "글쎄, 사람들이 하는 걸 그냥 따라 하면 되겠지 뭐." 친구: "사람들은 아마 벽만 보고 앉아 있을 텐데?" 타미: "그러면 우리도 그냥 벽을 보고 앉아 있지 뭐."

그 첫날 아침 이후, 타미는 좌선을 하고 스즈키 노사의 말씀을 듣기 위해 열심히 그곳을 드나들었다. 그리고 6개월 후 마약의 세계를 완전히 떠났다. 그 무렵부터, 그의 인간미와 헌신적인 성격은 늘 사람들을 감동시켰다. 6년 후인 1975년 그는 베이커 노사(老師)의 제자로서 성직자(priest)가 되었다. 아무리 어렵고 성가신 일이 주어져도 그는 이기심 없이 혼신의 힘을 다해 그 일을 했다. 1981년 하트포드 스트리트 선 센터의 상주 지도자가 되었다. 그는 그 선 센터에 좌선 스케줄을 만들고 강의를 열어 게이 불교도들을 수행의 길로 이끌었다. 또한 홈리스들에게 무료급식을 제공하는 등 지역사회를 위해 많은 활동을 했다. 천성이라 할 수밖에 없는 자비심을 삶으로 충분히 표현한 것이다. 그는 1990년 57세의 나이에 에이즈로 죽었다. 샌프란시스코 선 센터에서 거행된 그의 장례식에는 사백여 명의 사람들이 모여들었다.

하트포드 스트리트 선 센터는 모든 사람들에게 개방되어 있었지만, 특히 동성애자를 비롯하여 회복중인 마약 중독자들, 또는 그 거리의 예술가나 지식인, 회의론자, 무신론자를 위한 수행 장소로 알려져 있었다. 그 선 센터는 잇산(一山의 일본어 발음)의 이름을 따서 잇산지(一山寺)라고도 불린다. 선 센터에서 발행되는 계간지 『잇산지』를 읽으면서 나는 그곳에서 행해지는 많은 활동에 흥미를 느꼈다. 레즈비언뿐만 아니라, HIV를 가진 사람들, 그들의 간호자들, 그들의 연인이나 친구들을 위한 여러 명상그룹이 있었던 것이다. 그리고 마이트리 에이즈 호스피스(Maitri AIDS Hospice)에도 커다란 감동을 받았다. 마이트리는 잇산이 에이즈로 죽어가는 한 게이를 돌보기 위해 그를 선 센터에 받아들이며 시작되었다. 선 센터의 멤버들은 곧 잇산과 힘을 합쳤고, 그렇게 해서 마이트리 에이즈 호스피스는 1987년 오픈되었다. 마린 드레서는 마이트리가 샌프란시스코 에이즈 호스피스 운동의 한 모델이 되고 있다고 지적했다.

『잇산지』에 실린 '템플 뉴스'에 의하면 조지는 그 센터에서 자원봉사자로 일하고 있었다. HIV 명상그룹에 대한 정보를 얻기 위해서는 그에게 연락하도록 되어 있었다. 그는 동성애자 청소년협회에서 제공하는 연수회와 월례 오픈하우스에 대해 보고하고 있었다. 무신론적 신성에 관심 있는 사람들을 위해 월례 오픈하우스를 창설하였고, 또 HIV 네거티브와 포지티브 사이에 대화를 촉진시키는 모임을 구상하고 있었다. 그의 활동에 대한 기록을 읽고 있는 동안 나는 그도 게이가 아닐까 하는 생각을 했다. 어쨌든 나는 동성애자에 대해 알기 위해 그를 다시 만나야겠다고 생각했다.

내가 동성애자에게 거부감을 느끼지 않는 데는 이유가 있다.
1994년 봄학기 동안 UC 버클리의 기숙사 I-House(International

House)에 머물고 있을 때였다. 내게는 레즈비언 친구가 있었다. 이름은 제로미이고 한국 출생이었다. 열 살 때 가족이 남미로 이민을 갔고, 열여덟 살 때 다시 미국으로 이민을 왔다. 그녀는 UC 버클리에서 정치학을 전공하고 있었으며, I-House에서 마지막 학기를 보내고 있었다. 키가 크고 늘씬했으며 짧은 머리에 이목구비가 작은 귀여운 얼굴을 하고 있었다. 20여 명의 한국인 유학생이 그곳에 있었는데, 그녀는 유난히 나를 따랐다. 식당에서 나를 보면 늘 내가 앉은 식탁으로 와서 함께 식사를 했다. 재미있는 얘기나 독특한 제스처로 나를 웃겨 식사가 힘들 정도였다. 어느 날 캠퍼스를 거닐다가 불쑥 말을 꺼냈다. "내가 어떤 아인 줄 아시죠?" "그럼 알고말고." 나는 아무렇지도 않게 말했다. "무슨 뜻으로 말했는지 아세요?" 그녀가 다시 물었다. "글쎄, 무슨 뜻으로 말했는데?" 하고 묻자 그녀는 자신이 레즈비언이라고 말했다. 내가 아무런 놀라움을 나타내지 않자 그녀는 "어째서 놀라지 않죠?"라며 의아해했다.

내 나이 스무 살 때, 사미니의 교육기관인 강원(講院)에서 나는 소년 같은 사미니 친구를 만났다. 그녀는 키가 작았고 갈색 피부를 가지고 있었다. 고집스럽고 단도직입적인 성격으로, 남의 말에 전혀 개의치 않았다. 많은 시간을 독서로 보냈고 공부도 잘했다. 나는 한 번도 그런 유형의 친구를 가져본 적이 없었다. 나와는 무척 달랐다. 그런 점이 나의 마음을 끌었던 것 같다. 때때로 전생에 남자와 여자로 만났을지도 모른다는 생각까지 했다. 왜냐하면 그녀에게 향하는 감정이 다른 도반 스님들을 대할 때와는 조금 달랐기 때문이었다. 그런데 우리 반을 지도하던 비구니 스님이 그녀와 너무 가깝게 지내지 말라는 충고를 했다. 한 사람과 너무 친하게 지내다 보면 전체의 질서와 조화에 해가 될 수도 있다는 지적이었다. 그러나 그 당시 나는 왜 꾸중을 들어야 했는지 알지 못했다. 나중에 잠시 다른 강원에서 공부했었는데 그러는 사이 그녀에 대한 정열이 조금씩 식어갔고, 함께 대학에 다니는 동안 그것은 우정으로 바뀌었다. 많은 시간이 흐른 후에야 내가 그녀에게 강한 집착을 가지고 있었다는 것을 깨달았다. 상대방의 성(性)과 상관없이 사랑이 가능하다는 것. 나로선 새로운 인간 이해였다.

제로미가 레즈비언이라는 걸 밝힌 다음, 우리는 레즈비언에 대한 이야기를 자주 나누었다. 나는 그녀에게 묻곤 했다. 무리하게 자신이 레즈비언이라는 사실을 의식화하는 것은 아니냐고. 왜냐하면 그녀의 여동생은 자기보다 훨씬 아름답고 어린 시절 남자아이들에게 인기가 있었던 반면, 자신은 남자아이들의 시선을 끈 적이 없었다는 말을 자주 들었기 때문이었다. 어쨌든 제로미는 내 생각을 부인했다. 오히려 과거의 여자친구나 현재의 여자친구에 대해서 그녀 특유의 유머로 이야기했다. 남자에게는 아무런 매력도 느끼지 못한다는 것이었다.

문제는 제로미의 부모님이었다. 5월, 그녀의 졸업식 때 LA에서 버클리로 온 그녀의 부모님을 만났다. 제로미의 어머니는 그녀를 매우 걱정하고 있었다. 나는 일시적인 것에 불과할지 모른다고 그녀를 일단 안심시켰다. 그러나 내 생각은 잘못된 것이었다. 졸업 후 그녀는 LA로 돌아갔고 나중에 한국 기업에 취직하여 서울에서 일하게 되었다. 그녀는 서울에서 가끔 편지를 보내곤 했다. 그녀에게는 여자친구가 있었고 아파트에서 함께 살고 있었다. 적응하는 데 어려움은 있지만, 서울에서의 생활에는 만족하고 있었다. 그러나 그녀는 주류사회가 가지고 있는 편견 때문에 한국에서 레즈비언으로 살아간다는 것이 얼마나 힘든 일인가에 대해 토로하곤 했다. 단지 성적 소수자라는 이유때문에 동성애자가 비정상적인 사람들로 취급되거나 차별과 불이익을 당해야 한다는 사실에 의문을 제기하기도 했다. 불교에서는 동성애를 어떻게 해석하느냐고 묻기도 했다. 안타깝게도, 그때 나는 적절한 답을 해줄 수가 없었다. 질문이 계속 머릿속을 맴돌 뿐이었다. 풀어야 할 과제였다.

1990년 본격적으로 불교 여성학 연구를 시작한 이래, 나는 나 자신을 페미니스트라고 생각하고 있었지만, 제로미를 만날 때까지는 동성애에 그다지 관심이 없었다. 모든 관심은 오로지 불교 교단 내에서의 차별을 향하고 있었다. 그러한 때에, 제로미가 젊은 시절의 내 경험을 상기시켜준 것이었다. 그로부터 나는 동성애 문제에 주의를 기울이기 시작했다. 성차별에 관한 여성학 강좌를 들으러 갈 때마다, 나는 동성애자들이 직면한 여러 가지 문제들에 대해서 생각하게 되었다. 그리고 그들 앞에 얼마나 넘기 힘든 사회적 장벽이 있는지도 알게 되었다. 그들에 대한 차별이나 정신적, 육체적 학대는 오늘날에도 계속되고 있다. 미국이라는 이 자유로운 사회에서조차도. 그런가 하면 미국에서는 대학의 강의실에서뿐만 아니라 일반적인 대화에서도 이 문제를 거침없이 이야기한다는 것도 알게 되었다. 매스컴들도 사람들의 부정적인 반응에도 불구하고 자주, 그리고 자연스럽게 이 문제를 다루려 했다. 나는 유명한 코미디언 앨런이 ABC의 오프라 윈프리의 토크쇼를 통해 커밍아웃하는 것을 대단히 흥미롭게 보았다. 그녀의 솔직함과 꾸밈없는 태도가 무척 인상적이었다. 나아가 종교계에서도 이 문제를 검토하기 시작했다. 달라이 라마는 샌프란시스코에서 지도자급의 동성애자 불자들을 만났다. 또한 전국 카톨릭 주교 협회에서도 카톨릭 교회 안에 게이 커플을 받아들인다고 발표한 바 있었다.

한 달 후 나는 조지에게 전화를 했다. 어느 수요일 아침, 조지를 만나기 위해 카스트로 가로 갔다. 일과를 시작하기 위해 잠에서 막 깨어나는 거리를 함께 걸었다. 아침식사를 하는 커피숍이나 카페들은 벌써 사람들로 붐볐지만 다른 상점들은 아직 닫혀 있었다. 조금 걷다가 우리는 한 찻집의 창쪽 테이블에 마주 앉았다. 나는 미국인 불자들의 얘기에 관심이 많다고 말했다. 그들이 어떻게 불자가 되었는지, 어떻게 불교를 실천하고 있는지 알고 싶다고. 그랬더니 그는 그가 아는 다른 불자들에 대해 이야기했다. 나는 좀 색다른 얘기를 듣고 싶다고 말하며 그의 눈치를 살폈다. 그러자 그는 고개를 끄덕이며 담배에 불을 붙인 후 어린 시절의 이야기를 시작했다. 달콤하고 향기로운 살구차를 마시면서 나는 천천히 그의 세계로 빨려 들어갔다.

조지 브라운. 그는 1952년 캔사스 시에서 태어났고 아홉 살이 될 때까지 카톨릭 교도들이 모여 사는 교외의 고급 주택가에서 성장했다. 그리고 나서 약 십 년간을 외국에서 살았는데, 아버지가 미국의 큰 항공회사 직원으로 해외에 근무했기 때문이었다. 그래서 외국의 다른 문화를 접할 기회가 많았다. 그런데 종교에 대한 회의와 의심은 어릴 적부터 싹텄다. 어릴 때 아버지와 함께 카톨릭 교회에 다녔지만, 그들의 가르침은 자신과 무관하게만 느껴졌다. 개신교라는 이유로 어머니가 자기와 함께 하늘나라로 갈 수 없다는 사실을 받아들일 수가 없었던 것이다.

아프리카와 유럽에서 칠 년 동안 산 후, 그의 부모님은 사우디아라비아로 옮겨갔고 그는 레바논에서 홀로 하이스쿨에 다녔다. 방학 때마다 그는 메카 근교 가족에게 돌아갔다. 외부의 영향력으로부터 이슬람을 보호하기 위해 사우디 정부는 국민들의 생활을 통제했다. 예를 들면 술이나 영화조차도 금지되어 있었다. 커피를 마신다든지 수영을 한다든지 사람들과 이야기를 나누는 것이 그들이 즐길 수 있는 전부였다. 조지의 부모님은 현지의 문화를 존중했기 때문에 조지는 독서와 수영 이외에는 어떠한 오락생활도 즐길 수 없었다. 그래서 그는 방학이면 수영장의 물침대에 누워 하루에 아홉 시간씩 독서를 하곤 했다. 그 무렵 그는 휴스톤 스미스가 쓴 『인간의 종교 The Religions of Man』라는 책을 읽었다. 유대교, 기독교, 이슬람교, 힌두교, 그리고 불교. 마지막으로 읽은 불교는 그에게 경이로움을 안겨주었다. 다른 종교와는 완전히 달랐기 때문이었다. 붓다는 자신과 다름없는 인간이었고, 그의 가르침은 미신을 옹호하지 않을 뿐 아니라 미신을 바탕으로 한 신념이나 희망을 용납

하지 않았다. 조지는 그때까지 사성제(四聖諦)와 같은 가르침을 들어본 적이 없었다. 방학을 맞아 미국에 갔을 때 많은 불교서적을 샀다. 특히 D. T. 스즈키와 알렌 와트 등이 쓴 선(禪)에 관한 책을 많이 샀다.

1971년, 그는 대학 입학을 위해 보스톤으로 갔다. 그런데 십 년 동안의 외국 생활 탓에 다시 미국생활에 적응하는 게 쉬운 일이 아니었다. 그 당시 LSD나 메스컬린과 같은 환각제가 대학생들 사이에 비밀리에 유포되고 있었다. 게다가 그의 형은 환각제를 피우기 이전과는 달리 개방적이고 느긋한 성품으로 바뀌어 있었다. 그래서 그도 조심스럽게 환각제를 탐험해갔다. 그러나 오랫동안 지속하지는 않았다.

대학을 중퇴했다. 일 년을 뉴욕에서 생활한 후, 명상을 하기 위해 1973년 샌프란시스코로 왔다. 그는 뉴욕에도 선 센터가 있다는 것을 알지 못했다. 그는 아파트를 구하자마자 선 센터를 찾기 시작했다. 놀랍게도 샌프란시스코 선 센터는 그의 아파트로부터 거리 하나 건너에 있었다. 정기적으로 선 센터에 다녔다. 처음에는 강의를 듣기 위하여 일주일에 한 번씩, 나중에는 좌선을 하기 위하여 매일 선 센터에 갔다. 그 무렵 그는 티베트 불교의 지도자 중 한 사람인 트룽파(Trungpa)의 강의를 듣게 되었고, 곧 그에게 매료되었다.

어느 날 조지는 샌프란시스코에서 보스톤으로 가는 비행기에 타고 있었다. 그는 트룽파가 쓴 『정신적 유물주의 통과하기 *Cutting through Spiritual Materialism*』를 읽고 있었다. 조지 건너편에 앉아 있던 한 티베트인이 그에게 물었다.

"그 책 읽을 만한가요?"

조지는 너무나 놀랐다. 그가 트룽파였던 것이다. 트룽파가 덴버에서 내릴 때까지 둘은 계속해서 이야기를 나누었다. 그리고 나중에 조지는 트룽파로부터 오계를 받았다. 수계식이 끝난 후 트룽파가 말했다. "계를 받는다는 것은 국적이 따로 없고 가족이 따로 없다는 것을 의미한다. 그것은 온 세계, 온 인류에게 충성을 다하라는 뜻이다."

조지는 샌프란시스코에 온 후 우선 샌프란시스코 대학에 등록을 했다. 하지만 대학등록은 부모님을 기쁘게 하기 위해서였을 뿐이었다. 조지는 선 수행에 더 관심이 많았다. 강의도 그가 이수해야 할 심리학 강좌보다는 동양철학, 불교, 중국시, 묵화 등의 과목을 선택해서 들었다. 이 무렵 그는 한 여행사에서 파트타임으로 일했는데, 이것이 계기가 되어 1986년 컴퓨터 전문가로 한 항공회사에 취직하게 되었다. 그는 직장 동료들 사이에서 불교도로 알려져 있었고 성실하게 일하는 사람으로 평판을 얻었다. 불교적 사고나 수행은 항상 그가 올바르게 사는 것을 도와주었다.

처음 그를 만났을 때 나는 그가 미국 남자치고는 체구가 작은 편이라고 느꼈을 뿐, 게이일 거라고는 생각하지 못했다. 단지 싹싹하고 예의 바른 보통의 미국 남자였다. 그는 말을 잘했고 애교가 있었고 무척 예민한 감성을 가지고 있었다. 비구니 친구를 갖게 된 것이 즐겁다는 듯이 스스럼없이 대했다. 유머도 풍부했다. 그는 카스트로에서, 나는 버클리에서 각각 약속이 있었기 때문에 12시 30분쯤 헤어졌다.

그 다음에 그를 만났을 때, 나는 "혹시 게인가요?"라고 물었고, 그는 그렇다고, 아무렇지도 않게 대답했다. 그래서 나는 그에게 게이에 대해, 게이의 생활에 대해 내게 말해줄 수 있느냐고 물었다.

조지는 초등학교에 들어갔을 때부터 자신이 여자가 아닌 남자에게 끌린다는 사실을 깨달았다. 어렸으므로 자기만 그런 성향을 가진 줄 알았다. 열네 살 여름방학 때 그는 미국에 돌아와 있었다. 그 무렵 우연히 뉴욕시의 맨해턴에 거대한 게이의 세계가 있다는 것을 알았다. 그리고 그 세계가 엄청나게 크다는 것에 충격을 받았다. 열여섯 살 때, 뉴욕에 있는 게이 친구들이 만남을 주선해주었고 그 만남은 일 주일 동안 지속되었다. 조지가 데이트했던 그 남자는 열아홉 살이었고 군인이었다. 그는 너무나 잘생겼고 다정했기 때문에 조지는 한동안 그를 잊을 수 없었다. 방학을 마치고 레바논의 고등학교로 돌아갔을 때, 그는 같은 반 친구에게 끌렸다. 그도 미국인이었다. 그들은 먼저 좋은 친구가 되었고 나중에는 성적인 관계로까지 발전하게 되었다. 그러나 그 친구의 어머니가 그들의 관계를 알게 되어 그 관계는 끝이 나고 말았다.

수년 동안 이런 연애관계는 다시 생겨나지 않았다. 보스톤에서의 일 년, 뉴욕에서의 일 년이 지난 샌프란시스코에서의 어느 날, 조지는 한 게이바에서 더그를 만났다. 그들의 관계는 6년 동안 지속되었는데, 조지는 그를 독점하기를 원했고 더그는 그렇지 않았기 때문에 그 관계는 끝나고 말았다. 그 실패를 받아들이는 데 몇 년이나 걸렸다. 그리고 나서 트로이를 만났다. 그에 대한 정열도 거의 즉각적이었다. 그러나 트로이도 영원히 독점할 수 없을 듯했고, 그래서 그 관계 또한 9년간 지속되다가 종지부를 찍었다. 이 두 관계 말고도 더 짧고 덜 진지한, 그러나 성적으로는 대단히 만족스러운 관계를 많이 가졌다. 조지는 그의 성관계에 대하여 매우 적나라한 표현을 썼는데 나는 그것들을 다 이해할 수 없었다.

 나는 그에게 그의 가족이나 직장 동료들의 반응을 물었다. 가족들은 그가 게이라는 사실을 자연스럽게 알아차린 것 같았다. 어머니는 다른 모든 부모님들과 마찬가지로 그들이 부모로서 뭔가 잘못하지는 않았는지, 호모포비아(동성연애자 혐오증) 사회에서 조지가 과연 행복할 수 있을지 걱정했다. 직장은 큰 문제가 되지 않았다. 샌프란시스코는 이미 많은 게이들이 살고 있었고, 자유주의자들이나 개방적인 사람들이 모여드는 곳이기 때문이었다. 언젠가 그는 호모포비아에 대한 질문을 받은 적이 있었는데, 그때 그는 자신이 운 좋게도 게이의 도시에 정착해 있음을 깨달았다. 조지가 나에게 말했다.

 "여기 샌프란시스코에서는 게이 전기공, 게이 배관공, 게이 주식 매매인 등을 언제 어디서나 쉽게 만날 수 있기 때문에 게이인가 아닌가 하는 게 그리 문제되지는 않아요."

 그렇게 그는 샌프란시스코에서 25년, 그중 카스트로에서 17년을 살아왔던 것이다.

 나는 비로소 카페 파스쿠아에서 내가 온통 남자들 속에 둘러싸여 있다는 것을 알았다. 그리고 그날 나는 그가 HIV 포지티브라는 것을 알게 되었다.

 다시 그를 만났을 때, 나는 짓궂게도 죽음에 대해 어떻게 생각하는지 물었다. 그는 말했다.

"HIV 포지티브에 대해서? HIV 포지티브로 살아간다는 것은 매우 쉬운 일이죠."

그러나 치유할 수 없는 병을 가지고 살아간다는 것이 쉬운 일일 수는 없다. 친구들이 병이 악화되어 몹시 고통스러워하는 것을 볼 때마다 그는 한 달이 될지 일 년이 될지 모르지만 자신에게도 닥쳐올 미래를 떠올리지 않을 수 없었다. 그는 말했다.

"사실상 다른 병을 가지고 있는 사람들과 크게 다를 것도 없어요. 유방암을 앓고 있는 사람들이 다섯 배는 됩니다. 결국 이 세계는 병들어 있는 것 같고 건강이나 젊음은 아주 드물거나 영원하지 않다는 것을 알게 되었죠."

그리고 그는 덧붙였다.

"아무것에도 흥미를 가지지 않고 살아간다는 것은 쉬운 일이죠. '미래에 대한 자유' 즉 '미래에 대해 더이상 아무것도 걱정할 필요가 없다'는 말을 들었을 때 나는 그 말이 무엇을 뜻하는지 정확하게 이해할 수 있었어요."

조지를 만난 이래 나는 동성애에 관한 생각을 멈출 수가 없었다. 그는 동성애자인 것이 '선택'이라고 생각하는 동성애자는 한 사람도 없다고 말했다. 동성애란 있는 그대로의 삶이며 타고난 것이라는 얘기였다. 동성애의 생물학적 근거가 과학적 연구를 통해 발표되기도 하지만, 이에 대해 놀라는 동성애자도 없다는 것이다. 조지는 이렇게 생각한다. 이성애자, 혹은 이성애주의자들의 동성애자에 대한 증오심의 대부분은 잘못된 개념에서 나온 것이라고. 동성애자의 삶은 '선택'한 것, 또는 사회적 기준에 대해 반항하기 위한 것이라는 오해에서 비롯된 것이라고.

불교 안에서 동성애 문제의 해결책을 찾기 위해 나는 달라이 라마와 동성애자 리더들 사이에서 있었던 모임에 대한 기사를 다시 읽어보았다. 다음은 『샴발라 선(Shambhala Sun, 1997년 9월)』과 『터닝 휠(Turning Wheel, 1997년 가을)』에 실린 기사의 내용을 요약한 것이다.

'불교 에이즈 기획(Buddhist AIDS Project)'의 공동창설자인 스티브 페스킨트는 게이 불교도 동아리(Gay Buddhist Fellowship)를 대표하여 달라이라마께 보내는 공개서한을 발표했다. 잘못된 성행위에 대한 불교경전상의 정의와, 그에 대해 달라이 라마가 인터뷰나 저서에서 언급한 것이 동성애자를 차별하는 것으로 받아들일 수 있다고 보고, 그것에 대해 토론하기 위해서였다. 이에 대한 응답으로 달라이 라마는 그들에게 비공식적인 회합을 제의했다. 이 모임의 참석자로는 교수, 법률가, 작가 그리고 인권 운동가들이 포함되어 있었다.

먼저 달라이 라마는 '동성애자들이 직면하고 있는 차별과 폭력에 대해 슬픔을 느끼며, 성적 소수자에 대한 차별에 반대한다'고 말했다. '동성애와 인권과 불교'를 이슈로 한 기조연설에서 달라이 라마는 첫째는 인권이라는 일반적인 견지에서, 둘째는 불교 수행자라는 입장에서 그의 견해를 피력했다. 불교도의 입장에서 그는 특히 동성애의 문제와 계율의 시대성을 결부시켜 말했다. 즉 계율이란 당대의 사회·문화적 배경이 고려된 것이라야 하므로 동성애가 시대적으로 받아들여야 할 기준의 일부라면 불교에서도 그것을 받아들여야 한다는 것이었다. 그리고 그는 불교 수행의 목적은 열반에 있으며, 그 열반은 욕망에 대한 집착이나 번뇌망상을 제거함으로써 성취되는 것이라고 설명했다.

토론중에 불교학자이며 일리프 종교학교(Iliff School of Religion)의 철학교수인 호세 카베존이 문제의 핵심을 환기시켰다. 불교의 어떤 경전에서는 한 남자가 그의 아내와 하룻밤에 다섯 번 성행위를 하는 것을 허락한다고 했다. 수행의 목적이 욕망에 대한 번뇌를 제거하는 데 있다면, 한 남자가 그의 아내와 하루에 다섯 번 성행위를 하는 것은 허락하면서 한 남자가 다른 남자와 일생에 한 번 하는 것은 잘못이라고 말하는 것이 어떻게 도리에 맞는 일인가. 달라이 라마는 크게 웃음을 터뜨리고는, "정말 정곡을 찌르는 말이야!"라고 말했다. 그러면서 그는 당시 인도에서는 성행위의 목적이 재생산에 있었고, 그것이 바로 재생산을 할 수 없는 성행위를 금지한 이유이기도 하다고 설명했다.

달라이라마는, 독단적으로 불교경전을 재해석할 수는 없지만, 불교의 대표적인 지도자들이 함께 고대경전의 내용을 재검토하고 현대사회에 적용할 수 있도록 하기 위한 새로운 합의가 이루어져야 한다고 말했다. 또한 현대의 과학적 연구의 결과가 경전의 새로운 이해를 발전시키는 데 도움이 될 것이라고 견해를 피력했다.

모임이 끝난 후 스티브 페스킨트는 "달라이 라마와 있었던 이 솔직하고 개방적인 토론은 20세기에 들어 가장 훌륭한 것"이라고 말했다. 또한 클레르몽 대학원(Claremont Graduate School)의 교육학 교수인 로데스 아구엘은 "달라이 라마와 동성애자 불교도 사이에 있었던 자극적이고 고무적인 첫번째 대화"라고 말했다. 그리고 '티베트를 위한 국제 변호사 협회'의 회장이며 이 모임의 조정자인 에바 허저는 그녀가 쓴 기사의 끝에 다음과 같이 덧붙였다.

그날 저녁 '티베트를 위한 국제 변호사 협회'의 모금파티에서 달라이 라마께서 내게 말씀하셨다. 우리가 그에게 했던 말들이 정말 감동적이었다고, 또 우리가 가족들에게조차도 거부당한다는 말은 그를 대단히 슬프게 했다고. 그리고 달라이 라마께서는 우리가 나눈 대화에 대해 어떻게 생각하느냐고 내게 물으셨다. 나는, 그 전날 밤 한숨도 잘 수 없었는데 그 대화 후에야 비로소 안심이 되었다고 대답했다. 그러자 달라이 라마께서는 나를 그의 팔 안에 꼭 끌어안으시며 웃고 또 웃으셨다.

조지와 제로미, 그리고 나중에 서울에서 만난 제로미의 동성애자 친구들과의 교류를 통해, 나는 동성애자에 대해 많은 편견을 가지고 있었다는 사실을 알게 되었다. 동성애란 후천적으로 어떤 억압된 심리상태에서 일어나는 감정이거나, 주로 여성스러운 남성이나 남성적인 여성에게서 나타나는 현상이라는 생각은 잘못된 것이었다. 이 세상에는 수없이 많은 삶의 형태가 있고 동성애는 그중 하나일 뿐이라는 사실을 나는 깨닫게 되었다.

여성을 남성의 부속적인 존재로 여겨오던 사회통념을 수정하기 위해서 인류는 더 많은 노력을 기울여야 할 것이다. 그리고 이제 우리는 인간세계가 여성과 남성의 두 그룹으로 나뉘어져 있다는 고정관념을 깨기 위한 지혜와 통찰력을 키워야 할 것이다. 자기 중심적 사고로 인한 편견과 고정관념을 하나씩 허물어가면서 인간과 존재에 대한 사랑과 이해를 넓혀가는 것이 곧 자기 완성을 지향하는 이들의 올바른 자세라고 나는 믿는다.

게이 작가인 피터 스위세이(Peter Sweasey)의 말처럼, "인간의 성(性)을 있는 그대로의 스펙트럼으로 자유롭게 인정하는 미래사회에서는, 동성애자는 더이상 '퀴어' 아웃사이더이지 않을 것이며, 커밍아웃은 더이상 현재와 같이 자기 실현을 위한 촉매가 되지 않을 것이다."(「동성애 정신 *Queer Spirit*」,『샴발라 선』 1998년 3월호 중에서)

인드라의 그물

인드라의 궁전에는 거대한 그물이 드리워져 있는데, 그물의 모든 이음새에 보석이 하나씩 달려 있어 서로가 서로를 비춘다. 하나가 다른 것에 반사되고, 반사된 것이 다시 다른 것에 반사되어, 모든 보석이 비추고 비추어지며 끝없이 이어지는 것이다.

마치 전쟁 직후와도 같이 텅 빈 도시. 내가 본 추수감사절과 크리스마스 휴가 때의 버클리 풍경이다. 모두들 고향으로 떠나고 나면, 갈 곳이 없는 홈리스들과 이방인들만이 거리를 배회한다. 그럴 때면 텅 빈 거리에 나가는 것도, 유령의 건물처럼 정적에 싸여 있는 아파트에 오도카니 앉아 있는 것도, 여간 처량한 일이 아니다. 어머니가 있는 땅을 향해 참았던 그리움이 밀물처럼 밀려온다.

버클리에서의 마지막 가을, 추수감사절을 앞둔 어느 날, 나는 조지로부터 반가운 전화를 받았다. 샌프란시스코 선 센터(San Francisco Zen Center)의 추수감사절 파티에 함께 가지 않겠느냐는 것이었다.

SF 선 센터에는 실무자 외에도 40여 명의 거주자가 있었다. 그들은 아침저녁의 좌선 스케줄에 참석하면서 직장에 다니거나 자기 일을 하는 사람들이었다. 선 센터에서는 추수감사절 휴가 때 고향에 가지 못한 사람들을 위해 특별식사를 마련하여, 그들이 친지나 친구들을 초대할 수 있도록 배려했다. 조지는 수년간 SF 선 센터의 좌선 스케줄에 참석해온 터라 나와 함께 그 파티에 참석하는 것을 허락받을 수 있었다.

조지의 차 안에서 내다본 샌프란시스코 시내도 텅 비어 있었다. 그런데, SF 선 센터 앞에 섰을 때, 나는 잠시 어리둥절했다. 페이지 가의 한 코너를 점령하고 있는 사층의 빨간 벽돌건물이 선 센터라는 것이었다. 그것은 웬만한 전문대학 규모의 크기였고, 짜임새 있게 지어져 있었다.

현관을 들어서자 로비의 왼쪽에 사무실과 응접실이, 그리고 오른쪽에 법당이 있었다. 다다미가 깔린 일본식 법당에는 정면에 석가모니 좌상의 석불이 모셔져 있었고, 밖으로 향한 두 벽면에는 아치형의 유리문이 많이 있어서 실내는 밝고 우아했다. 토요일 아침 정기법회 때마다 그곳에는 80~100명의 사람들이 모인다고 했다. 로비를 통과하여 다이닝룸으로 이어지는 복도를 걷자니 벽에 걸린 그림이며 조각품들이 눈에 들어왔고, 복도의 오른쪽으로 중정(中庭)이 내다보였다.

다이닝룸은 추수감사절을 느끼게 하는 분위기로 아름답게 장식되어 있었다. 그곳에서 나는 블랜치를 만났다. 그녀가 먼저 조지와 나를 발견하고 우리에게 다가왔다. 그녀는 수수한 옷차림에 짧은 은발의 단정한 용모를 한 60대로 보이는 부인이었다. 그런데 그녀가 바로 SF 선 센터의 주지스님이라는 것이었다. 나는 그녀를 만난

것이 갑작스러웠고, 뜻밖의 모습이어서 조금 당황하고 있었다. 이 정도 규모의 선 센터 원장이라면 당연히 남자일 것이고, 원장실에서 근엄한 모습으로 손님을 접견할 것으로 생각하고 있었던 것이다. 그리고 나는 그곳이 조동종의 선 센터임을 잊고, 그녀가 삭발을 하지 않고 있는 것에 잠시 혼란을 일으켰던 것이다.

다이닝룸의 한쪽 면에 놓인 소파에 앉아서 우리는 잠시 얘기를 나누었다. 나는 창 밖으로 중정이 내다보이는 쪽에 앉아 있었기 때문에, 정원의 아름다운 풍경에 눈을 주고 있었다. 조용한 목소리로 조지와 뭔가 얘기를 나누고 있던 그녀가 내 쪽으로 고개를 돌리며, 다정하게 물었다.

"정원이 마음에 드세요?"

"정말 아름다운 정원이군요. 그리고 건물도요."

"아름다울 뿐 아니라 매우 잘 지어진 건물이지요."

그 건물은 1923년 버클리 출신의 유명한 여류 건축가 줄리아 몰간에 의해 지어진 것이었다. 처음에는 가족이 없는 유대인 난민 여성들을 위한 시설이었다. 그들이 하나 둘 그 시설로부터 독립해나가는 바람에, 결국 건물이 매매되었던 것이다. 블랜치가 말했다.

"이 건물은 우리에게는 완벽한 것이지요. 우리가 인수할 수 있었던 것은 행운이었어요."

SF 선 센터는 1969년 고 스즈키 노사에 의해 설립되었다. 그는 1958년 도미하여, 처음에는 샌프란시스코 저팬 타운에 있는 한 일본절에 머물면서 일본인 신자들을 대상으로 절을 운영했다. 그런데 그는 늘 좌선을 했고, 사람들에게 명상에 대해 얘기하는 것을 좋아했다. 미국인들이 찾아와 좌선하는 방법을 가르쳐달라고 할 때면 기꺼이 시간을 할애했다. 미국인들의 참선그룹은 점점 커졌고, 노사는 그들이 자유롭게 수행할 수 있는 새로운 장소를 물색하기로 했다. 현재의 SF 선 센터가 오픈되었을 때, 레지던스홀은 즉시 60명의 멤버들로 채워졌고, 거주자 외에도 많은 사람들이 좌선시간에 참석하여, 연일 선실은 빈틈없이 메워졌다.

앉아 있자니, 조동종의 검은 승복을 입은 키가 작은 한 노인이 다이닝룸을 드나들면서 뭔가 열심히 일을 하고 있는 것이 눈에 들어왔다. 블랜치가 자리를 뜬 후 조지가 내게 말해주었다. 그가 블랜치의 남편 루이스 하트만 스님이라고. 그는 아무런 직책도 없이 블랜치의 일을 돕고 있는데, 크고 작은 많은 일들이 그에 의해 소리

없이 처리되고 있다고. 두 노인의 조용한 움직임이 참으로 아름다워 보였다.

잠시 후 사람들이 다이닝룸으로 모여들기 시작했다. 2시 정각이 되자, 블랜치가 라쿠수(일본식의 작은 가사)를 목에 걸치고 다이닝룸으로 들어왔다. 주방 쪽으로 면하고 있는 벽에 작은 불단이 마련되어 있었고, 그 앞에서 블랜치가 향을 사르고 합장배례했다. 그녀가 기도문을 읽는 동안, 사람들은 제각기 식탁 앞에서 합장을 하고 불단을 향해 서 있었다.

의식이 끝나자 모두들 식탁에 둘러앉아 음식을 먹기 시작했다. 칠면조를 제외한 추수감사절 음식을 그곳에서 먹어볼 수 있었다. 다른 방문객들 틈에 끼어앉아 그들의 대화에 귀를 기울이면서 처음 먹어보는 음식들을 음미했다.

　블랜치와 로(사람들은 7, 80대의 이 노부부를 이렇게 부르고 있었다)는 그들을 방문한 아들, 딸, 며느리, 사위들과 한 테이블에 앉아 얘기를 나누며 식사를 하고 있었다. 그들의 손자인 듯한 열 살 가량의 소년이 씩씩하게 테이블 사이를 왕래하고 있었다.

　식사가 끝나고 사람들이 자리를 뜨기 시작하자, 블랜치가 내게 다가왔다. 그녀는 고향에 돌아가지 못한 이방인의 외로움을 헤아렸는지, 따듯한 눈길로 나를 배웅했다.

　그날 이후 나는 기회만 있으면 SF 선 센터에 가곤 했다. 종교학 강의의 리포트를 작성하기 위해 불교사원을 방문해야 한다는 한국 학생들을 데리고 토요법회에 참석한 적도 있었다. 평일에 지하의 도서실에 들르기도 했고, 도서실 옆의 선실에 혼자 잠시 앉기도 했다.

　블랜치와 다시 만날 것을 기대하고 있던 어느 날, 복도에서 로와 마주쳤다. 그는 반가운 얼굴로 내게 다가와서 안부를 묻고는, 블랜치를 만나고 가라며 이층의 그녀 방으로 나를 안내했다. 그래서 나는 그녀의 방에서 차를 마시며 잠시 얘기를 나눌 수 있었다. 그녀의 방은 일본식 다다미방이었고, 그녀는 반듯하게 정좌한 자세로 일본 녹차를 따라주었다. 그녀가 내게 무엇을 공부하느냐고 물어 '불교 여성학' 이라고 대답했더니, 그녀는 반색을 하며 기뻐했다. 그리고,

　"미래의 불교를 위해 그것은 꼭 필요한 학문이지요."
라고 말했다. 내가 동경의 고마자와 대학에서 공부했다고 말하자,

비로소 납득이 간다는 듯 그녀는,

"그래서 우리 조동종의 전통에 익숙하군요."
라고 말했다. 그후 나는 그녀와 차를 마시거나 점심을 같이 하며, 부담 없이 시간을 가질 수 있게 되었다.

어느 날 블랜치를 방문했을 때 그녀에게는 나 외에도 다른 방문객이 있었다. 비디오 제작자인 조슬린이었다. 그녀는 여성 종교지도자 블랜치에 대하여 영상물을 만들기를 원했고, 블랜치도 그것을 허락한 모양이었다. 조슬린의 일은 블랜치에 대한 나의 관심과도 겹치는 것이어서, 나는 자연스럽게 그들의 일에 끼게 되었다. 그날은 인터뷰가 예정되어 있었는데, 블랜치가 어떻게 불교와 만나게 되었고 득도하게 되었는지가 주제였다.

블랜치가 선 수행을 시작한 것은 1969년 그녀의 나이 마흔세 살 때였다. 그 무렵 그녀의 삶은 혼란에 빠져 있었다. 두 가지 일을 겪었다. 하나는, 그녀와 아주 가깝게 지내던 친구가 갑자기 병으로 죽었고, 그런 직후 그녀 또한 심한 병에 걸려 죽음 직전까지 갔던 일이었다.

또 하나는 일체감을 경험한 일이었다. 당시 그녀는 정치적으로 매우 활동적이었고, 그래서 곧잘 누군가와 정치적으로 맞서곤 했다. 언젠가 그녀는 경찰관과 심하게 충돌한 적이 있었다. 그런데 다투던 와중에서, 갑자기 그녀는 그 경찰관 남자와 강한 정신적 교감을 느꼈다. 한순간의 일이었지만 너무나 분명했기 때문에, 그 순간의 느낌이 머리를 떠나지 않았다. 과학, 수학, 정치 등 합리적 이성의 세계에 있던 그는 그것을 이해할 길이 없었다. 어렸을 때 카톨릭 학교에 다녔던 것 외에는 종교를 가져본 적이 없었으나, 그것은 아마도 종교적인 경험일 거라고 그녀는 생각했다.

그녀는 여러 가지 책을 읽기 시작했다. 그러나 어디서 그 경험을 이해할 수 있는 실마리를 찾을 수 있을지 알 수 없었다. 어느 날, 그녀는 정치적으로 가깝게 지내던 친구의 집에 가 있었다. 그 친구의 아들이 그들과 함께 있었는데, 그는 캐멀 밸리(Camel Valley)에 있는 타사하라 산 수도원(Tassajara Mountain Monastery)에서 스즈키 노사와 함께 선 수행을 하고 돌아온 길이었다. 그가 그녀에게 버클리에도 선 센터가 있다는 것을 알려주었다. 당시 그녀는 버클리에 살고 있었던 것이다.

그 무렵 한 친구가 그녀에게 존 블라필드가 번역한 황벽(黃碧) 선사의 선서(禪書)를 한 권 주었다. 그녀는 그것을 읽는 동안, "예스! 예스! 예스!"라고 공감의 감탄사를 올리는 자신을 발견했다. 5년인지 10년인지 지난 뒤에 다시 그 책을 읽었을 때 그녀는, '그때 도대체 내가 무엇을 이해했었단 말인가'라고 생각했다.

버클리 선 센터에서 좌선 지도를 받자마자 그녀는 선 수행에 들어갔다. 그녀는 아침마다 출근하기 전에 선 센터에 갔다. 좌선과 예불과 도량청소와 발우공양의 차례로, 선 센터의 아침 스케줄에 모두 참석하고 직장으로 갔다. 퇴근 후 다시 선 센터에 들러 좌선을 한 후 집으로 돌아왔다. 그렇게 3년 가량 거의 열광적으로 참선에 몰두했다. 여름휴가 동안은 타사하라 수도원에 들어가서 그녀가 머물 수 있는 만큼 머물며 수행을 계속했다. 나중에는 그녀와 남편이

번갈아가며 선 센터를 출입했다. 그들은 슬하에 2남 2녀를 두었는데, 세 아이는 이미 성장했지만, 막내딸은 당시 열세 살이었다. 그래서 한 사람이 남아 딸아이를 돌보아야 했던 것이다.

당시 그녀는 버클리에 있는 캘리포니아 공화당 당사의 화학실험실에서 통계학자로 일하고 있었다. 그녀의 일은 실험계획안을 작성하고, 그 결과를 통계적으로 분석하는 것이었다. 그녀가 선 수행에 열광하고 있다는 사실을 안 직장 상사는 그녀를 걱정했고, 그녀가 타사하라에 가는 것을 싫어했다. 그러나 일단 그녀가 직장을 그만 두고 수도원으로 들어가려고 결정했을 때는, 그녀의 남편도 아이들도 주위 사람들도 그녀의 결심을 이해하는 듯했다. 그녀의 남편 로는 시인으로 당시 프리랜서로 일하고 있었는데, 그녀를 따라 타사하라로 들어갔다.

1977년, 블랜치와 로는 스즈키 노사의 후계자인 베이커 노사의 제자로 득도했다. 블랜치의 법명은 잰캐이(全快)이며, 로는 슈운(秀雲)이다. 1997년 블랜치가 SF 선 센터의 주지로 임명될 때까지 그들은 타사하라 수도원, 그린 협곡농원(Green Gulch Farm) 선 센터, SF 선 센터를 옮겨다니면서 함께 수행했다.

타사하라와 그린 협곡농원과 SF 선 센터는, 스즈키 노사를 중심으로 한 조동종 수행자들의 3대 수행도량이다. 1967년에 설립된 타사하라는 미국 최초의 선 수도원으로 알려져 있다. 소살리토의 그린 협곡농원은, 태평양을 면해 있는 산기슭 협곡에 자리한 농장으로, 노사가 열반한 이듬해인 1972년 그의 제자들이 매입한 것이다. 이곳에서는 거주 수행자들이나 신자들이 채소 기르기와 정원 가꾸기 등의 일을 하면서, 좌선과 강의 스케줄에 참여하도록 운영하고 있다. SF 선 센터는 도심에 위치하고 있어서 비거주자들도 쉽게 매일의 스케줄에 참석할 수 있다는 이점이 있다. 그린 협곡농원과 SF 선 센터는 실로 다양한 강의 프로그램과 이벤트를 가지고 있으며, 매주 토요일과 일요일에는 두 곳에 300여 명이 모인다고 한다.

일본의 본토에서는 퇴색해가고 있는 일본의 선(특히 조동선)이

미대륙의 서부에서 이렇게 다시 부활한 것은, 그 씨앗을 옮겨 심은 한 위대한 스승이 존재했기 때문이었다. 스즈키 노사의 유작인 『禪心初心 Zen Mind Biginuer's Mind』(강연심 옮김, 1999, 불일출판사)의 서문에서 휴스턴 스미스는 다음과 같이 말했다. "스즈키 노사는 우리와 함께, 미국에서, 단 12년을 머물렀을 뿐이다. 그러나 그것으로 충분했다. 이 조용하고 작은 남자로 인해서, 이제 조동선*은 우리 대륙에서 꽃을 피우고 있기 때문이다."

일 주일 후 다시 조슬린과 내가 블랜치를 방문했을 때, 그녀는 볕이 잘 드는, 정원이 내려다보이는 다다미방으로 우리를 안내했다. 조슬린이 블랜치에게 물었다.

"'어머니로서의 수행자'라고 할까, '수행자로서의 어머니'에 대해 얘기해주시겠어요?"

블랜치는 잠시 생각에 잠기더니, 막내딸 밋치에 대해 얘기하기 시작했다.

블랜치가 막 좌선을 시작하여 선 센터에 드나들 무렵, 밋치는 아직 10대였기 때문에, 그것이 그녀의 유일한 걱정거리였다. 처음 블랜치가 로와 함께 타사하라에 들어갔을 때, 밋치는 부모와 함께 그곳에 살면서 버스로 캐멀 밸리에 있는 고등학교에 다녔다. 일 년 후 그녀는 원거리 버스통학에 지쳐서 결국 버클리 고등학교로 돌

---

* 조동종에서 수행하고 있는 묵조선(默照禪)을 말한다. 묵조선이란 화두 없이 모든 생각을 끊고 마음을 비우는 좌선법으로, 화두를 가지고 수행하는 임제종의 간화선(看話禪)과 대조적이다.

아갔다. 블랜치는 버클리에 있는 친구의 집에서 학교에 다닐 수 있도록 주선했다. 그리고 밋치를 돌보기 위해 자주 버클리를 드나들었다. 그렇다고는 하나 부모와 떨어져서 남의 집에서 생활해야 했던 밋치를 생각하면 블랜치는 늘 가슴이 아팠다. 그러나 그녀는 성직자가 되고 싶다는 일념 때문에 수행을 늦출 수가 없었다.

다행히도 밋치는 밝은 성격에 이해심 많은 여성으로 성장했다. 예술학교에서 무용을 공부한 후 오랫동안 무용수로 일해오고 있는데, 사람들을 즐겁게 하는 자신의 일에 만족하고 있다. 블랜치는 자신도 댄서가 되고 싶어한 적이 있었기 때문에, 춤추는 밋치를 보면 자신의 다른 면을 보는 것 같다. 밋치는 독신으로 살고 있으나, 그녀에게는 늘 사랑하는 사람이 있다. 그녀는 언제나 사랑에 충실하며, 헤어짐의 순간조차도 묵묵히 받아들인다. 블랜치는 그러한 그녀가 자랑스러우며, 그녀야말로 보살의 길을 걷고 있다고 생각한다. 또한 밋치는 해마다 어머니의 생일을 잊지 않고 커다란 장미꽃다발을 보낸다.

그렇게도 지적이고 당당해 보이던 블랜치는 막내딸 얘기를 하면서 눈시울을 적셨다. 섬약한 어머니의 모습이었다. 그녀의 얘기를 들으면서 나는 내 어머니의 일을 떠올렸다.

나의 모친은 나를 출산한 후 틈만 나면 나를 업고 직지사에 갔고, 당시 그곳에 주석하시던 관응 스님의 법문을 듣곤 했다. 무슨 연유에서인지 모르나, 어느 날 스님은 그녀에게 「초발심자경문」을 해석해주었다. 그것은 출가한 스님들이 가장 먼저 배우는 것으로, 출가인의 마음가짐을 그 내용으로 하고 있다. 모친은 며칠 사이에 그것을 모조리 외워버리고는, 출가하고 싶은 생각에 아무 일도 하지 못했다. 물론 그녀는 끝내 그것을 실천하지 못했다. 내가 출가했을 때 그녀는 내게 보낸 편지에서 원효 스님의 발심(發心) 구절을 인용했다. "누가 산에 들어가 도를 닦고자 하는 마음이 없으리요마는, 떠나지 못하는 것은 애욕에 얽힌 때문이니라." 그것은 아마도 가족을 떠나지 못한 그녀의 심정을 표현한 것이리라. 그리고 그녀는 "부디 도를 이루어 나를 구제해주기 바랍니다"라고 덧붙였다. 그녀의 출가에 대한 열망은 좀처럼 식지 않았다. 그러나 육신의 노쇠함과 더불어 그것은 조금씩 사그라졌다.

블랜치는 내 얘기를 들으면서 깊이 머리를 끄덕이고 있었다.

내 모친과는 달리, 그녀는 자신의 뜻을 관철했다. 그러나 오랫동안 밋치에 대한 죄책감으로 괴로워했고, 그럴 때면 자신의 이기심을 탓하곤 했다. 그 무렵 SF 선 센터에서 스즈키 노사와의 면담기회가 주어졌다. 그녀는 다짜고짜 노사에게 물었다.

"어떻게 나의 이기심을 극복할 수 있습니까?"

그런데 그의 대답은 터무니없었다.

"너는, 있는 그대로의 너로 완벽하다!"

그녀는 그 말을 이해할 수가 없었다. '무아(無我)를 말하는 선(禪)이 아닌가. 어떻게 이기심으로 가득한 내가 이대로 완벽하단 말인가'라고 생각했다. '있는 그대로 완벽한 자신'과 '이기심으로 가득한 자신'을 그녀는 결코 조화시킬 수가 없었다. 그것은 그녀에게는 풀리지 않는 화두로 오랫동안 그녀의 머릿속을 떠나지 않았다.

그런데, 얼마만큼의 세월이 흘렀을까. 언제부터인지 그녀는 제자들에게 또는 대중 앞에서 '있는 그대로 완벽한 자신'을 얘기하고 있었다. 그리고 그녀는 '인드라의 그물'에 대해 얘기하기를 좋아했다.

불교 경전에서 인드라(Indra : 범어. 한역은 帝釋天王)는 범천(梵天)과 함께 유력한 불교의 수호신으로 등장한다. 인드라의 궁전에는 거대한 그물이 드리워져 있는데, 그물의 모든 이음새에 보석이 하나씩 달려 있어서 서로가 서로를 비추고 있다고 한다. 하나가 다른 것에 반사되고, 반사된 것이 다시 다른 것에 반사되어, 모든 보석이 비치고 비치어지며 끝없이 이어져 있다는 것이다. 불교에서는, 세상의 모든 존재가 서로 연결되어 있다고 하는 것을 이것에 비유하곤 한다.

블랜치가 말했다.

"나는 '인드라의 그물'의 비유를 좋아해요. '질서와 조화를 갖춘 거대한 우주'를 연상하게 되죠. 우리 모두는 그 보석과 같아요. 각 보석은 제각기 독립되어 있지만, 그들은 서로 연결되어 있고, 서로 관통하고 있지요. 그 하나하나의 보석은 완벽한 전체의 표현이며, 있는 그대로 완벽하지요. 나는 인드라의 그물 속에서, 나의 보석과 밋치의 보석을, 그리고 모든 이들의 보석을 보았지요. 언젠가 나와 심히 다투었던 그 경찰관의 것도."

어느 날 조슬린과 나는 블랜치의 안내로 건물 안을 돌아보았다. 이층과 삼층의 레지던스 홀에는 44개의 방과 4개의 샤워실이 있었다. 우리는 몇몇 방을 들여다보았다. 일인용 침대와 책상이 하나 놓여 있을 뿐인 작은 방들은 마치 대학의 기숙사 같았다. 거주자들은 자기 생활을 하면서 좌선 스케줄에 참석할 수 있다는 이점 때문에 선 센터에 들어와 살고 있다. 그런데 처음에는 아침저녁 열심히 선실에 나와 앉는 사람들도 곧잘 규칙적인 생활을 힘겨워한다. 그래서 "나에게 이래라 저래라 하지 마시오"라고 말하기도 한다. 그런가 하면 "선은 나에게는 맞지 않아. 나는 더이상 앉고 싶지 않아"라고 말하는 사람도 있다. 언젠가 일본에서 온 한 참선 지도자는, 미국인에게 선을 가르치는 일은 참으로 어렵다며 한숨짓더라는 것이었다. 블랜치가 말했다.

"그러나, 이곳은 생활하면서 수행하기에 대단히 훌륭한 장소지요. 그리고 나는 이 모든 사람들을 진심으로 사랑해요. 그들은 모두 나의 아들딸이니까요."

조슬린은 선 센터에서의 부엌일을 비디오에 담고 싶어했다. 블랜치는 그것을 허락했고 주방 책임자들과 스케줄을 조정했다. 특별 메뉴가 있는 금요일로 날짜가 잡혔고, 나도 기꺼이 그 자리에 끼기로 했다. 그날의 메뉴는 야채피자였다. 오전 아홉시가 되자, 주방에는 대여섯 명의 주방멤버들이 모두 모였고, 그들은 중앙 정면에 있는 작은 불단을 향해 둘러섰다. 누군가가 향을 올렸고, 다 함께 '부엌일을 할 때의 마음가짐'에 관한 글귀를 읽었다. 그것은 일본 조동종의 종조(宗祖)인 도원(道元)선사의 『전좌교훈(典座教訓)』에서 발췌한 글이었다. 읽기가 끝나자 블랜치가 그들 뒤에 서 있던 조슬린과 나를 그들에게 소개했다.

그들은 일본의 조동종 선원(禪院)에서 쓰고 있는 소임의 명칭을 그대로 사용하고 있었다. 주방 책임자로 텐조(典座)와 보조 텐조(副典座)가 있었는데, 이것은 한국의 큰 사찰에서의 큰 별좌(別座)와 작은 별좌에 해당하는 소임이었다. 이러한 소임의 명칭은 중국의 고대 선가(禪家)의 법규에서 유래한 것으로, 선 센터에서는 모든 소임이 하나의 수행과정으로 존중된다. 특히 대중의 공양을 담당하는 부엌 소임은 다른 어떤 소임 못지않게 중요시되고 있다.

그런데 사실 나는 그곳에서 무엇을 해야 할지 몰라 잠시 머뭇거리고 있었다. 그러자 텐조인 테리가 내게 물었다.

"우리 일을 도울 건가요? 아니면 관찰할 건가요?"

블랜치와 함께 다이닝룸에서 식사할 때마다 그의 얼굴을 보았기 때문에, 나는 그와 구면이었다. 내가 대답했다.

"내가 할 수 있는 일이 있으면 도울게요."

그렇게 해서 나는 부엌일을 돕게 되었다. 처음에는 한 여자가 나를 데리고 다니면서 허드렛일을 시켰다. 지저분한 설탕통을 깨끗이 씻어서 물기를 닦은 후 다시 설탕을 채워넣으라는 둥, 남은 음식을 한데 모으고 그 식기를 씻으라는 둥. 그녀에게는 내가 견습행자쯤으로 보였던 모양이었다. 나는 아무렇지도 않게 그 일들을 했다. 잠시 후 그녀는 블랜치에게 불려갔고, 그후 조심스러운 태도로 나를 대했다.

보조 텐조인 티오(그는 아랍계 남자로 보였다)가 내게 피자 위에 얹을 가지와 호박을 썰어주겠느냐고 물었다. 가장 단순한 일, 그리고 가장 썰기 쉬운 가지와 호박이 내게 배당된 것은 아마도 블랜치의 보이지 않는 배려였을 것이다. 나는 어떻게 썰어야 하느냐고 티오에게 물었다. 그는 시범을 보이고는, 영 미심쩍은 얼굴로 내게 커다란 칼과 도마를 넘겨주었다. 실은 채소 썰기는 부엌일 중에서 내가 가장 잘하는 일이었다. 운문사 시절, 스물네 살 때였던가, 나는 작은 별좌 소임을 맡은 적이 있었다. 부엌일이 서툰 나는 곧잘 일을 저지르곤 했는데, 채소 써는 일만은 거의 완벽했다. 속도는 그다지 빠르지 않았지만, 나는 자로 잰 듯 정확한 크기와 모양으로 주어진 것을 썰어냈다. 그때의 실력을 발휘할 절호의 기회였다. 나는 한 시간 가량 그 순수한 작업에 완전히 몰입했다. 빙긋빙긋 웃으면서 내가 하는 양을 훔쳐보던 티오의 태도가 바뀌어 있음을 나는 느낄 수 있었다.

조리대에서는 네 명이 마주 서서 야채를 썰고 있었는데, 블랜치는 나의 맞은편에서 당근을 썰고 있었다. 그것이 나를 몹시 편안하게 했다. 그녀가 나를 위해 여러 가지로 마음 쓰고 있는 것이 피부로 느껴졌다. 나는 어머니와 함께 잔치 준비를 하고 있는 것처럼 즐거웠다. 그리고 마치 그녀의 고명딸이기라도 한 듯, 나는 그곳에서 완전히 자유롭고 떳떳했다.

그날의 피자 맛도 일품이었지만, 나는 그녀와의 따뜻한 포옹을 영원히 잊지 못한다. 그녀는 한쪽 뺨을 내 뺨에 맞대고 어깨를 꼭 끌어안고는 잠시 동안 가만히 있다가 몸을 떼는 것이었다. 그것은 마치 어린 시절 엄마의 무릎 위에서 낮잠을 자고 났을 때처럼 평화로운 순간이었다. 언제부터인지 헤어질 때마다 그녀는 그 포옹을 내게 선사했다.

블랜치를 만나러 갈 때마다 나는 그녀에게 뭔가 선물을 하고 싶다고 생각했으나, 마땅한 것을 찾지 못했다. 그래서 나는 내가 가지고 있는 물건 중에서 그녀가 가지고 있지 않은 것, 혹은 그녀에게 필요한 것이 있지 않을까 하는 생각으로 그녀에게 가는 날이면 방 안을 휘휘 둘러보곤 했다. 그리고 어느 날 나는 물건 하나를 찾아냈다. 그것은, 상체를 완전히 감쌀 만한 크기의, 검은색과 회색의 체크무늬 순모 숄이었다. 늘 검은색 계통의 심플한 복장을 하고 있는 그녀에게 잘 어울릴 것이 틀림없었다.

그 숄은, 버클리에 오던 해 겨울, 일본에 살고 있는 한 한국인 친구가 "이국에서의 겨울을 따듯하게 보내기 바란다"는 메모와 함께 내게 보냈던 것이다. 내게는 버클리의 겨울이 그것을 두를 만큼 춥지도 않았지만, 그보다도 그렇게 고급스런 물건을 두를 수가 없었다. 그래서 그것은 애초부터 내 물건이 아니라고 생각했었다. 단지 그녀의 성의가 고마워서 섣불리 처분하지는 못하고 있었다. 해마다 겨울옷을 꺼낼 때면 그 숄을 발견하고는, 어울릴 만한 사람이 없을까 하고 주위 사람들의 얼굴을 떠올리곤 했다. 블랜치가 바로 그 숄의 주인이라는 생각이 나를 몹시 기쁘게 했다.

그런데, 포장된 선물을 풀어본 블랜치는 "이런 값비싼 선물을 나는 받아본 적이 없다"며 조금 당황하는 눈치였다. 내가 자초지종을 설명하자, 그녀는 "나도 이런 것을 두를 수 없다"며 받아들이지 않을 기색이었다. 나는 "한번 둘러보세요. 꼭 어울릴 거예요. 겨울에 타사하라나 그린 협곡농원에서 정진할 때 두르시면 제격일 거예요"라고 말하며, 막내딸처럼 졸라댔다. 그제서야 그녀는 얼굴을 펴고 그것을 몸에 둘렀다. 정말 잘 어울렸다. 그녀도 흡족해하는 표정이었다. 그리고 그녀는, 사실은 얼마 전에 생일이 지나갔다며, 로에게서 스웨터를 선물로 받았노라고 말했다.
내가 말했다.
"로는 대단히 헌신적인 분 같아요."
그러자 그녀가 말했다.
"그건 사실이에요. 그는 대중 속에서 생활하는 성직자의 훌륭한 모범이죠. 나는 그를 존경해요. 정말이지 나는 그의 도움이 없다면 나의 직책을 제대로 수행할 수 있을지 의문이에요."
그녀가 계속해서 말했다.
"올해도 로는 여든다섯 살이고 우리는 결혼 50주년을 맞지요. 나는 가끔 로와의 작별에 대해 생각하곤 한답니다. 둘 중의 하나가 먼저 떠나면 남은 사람은 무척 힘들 거예요. 특히 로가 남는다면…… 그러나 웃으면서 작별할 준비를 해야죠."
그녀는 만년의 계획에 대해서도 얘기해주었다.
"우리는 이제 대중생활과 일선에서 물러나 암자 같은 곳에서 쉬면서 정진하고 싶어요. 좌선하고 싶으면 앉고 쉬고 싶으면 눕고, 꽃과 야채를 가꾸면서. 주말에는 우리를 찾아오는 사람들을 위해서 차와 먹을 것을 준비하고……"

문학동네 산문집
그들은 마음을 보고 있었다
ⓒ세등 2000

| 1판 1쇄 | 2000년 11월 1일 |
| 1판 4쇄 | 2001년 5월 4일 |

지은이 | 세등 스님
책임편집 | 김현정 이은석
펴낸이 | 강병선
펴낸곳 | (주)문학동네
출판등록 | 1993년 10월 22일 제22-188호

주 소 | 136-034 서울시 성북구 동소문동 4가 260번지 동소문빌딩 6층
전자우편 | editor@munhak.com
하이텔 : podo1
천리안 : greenpen
전화번호 | 927-6790~5, 927-6751~2
팩 스 | 927-6753

ISBN 89-8281-331-4 03810
* 잘못된 책은 바꿔드립니다.
www.munhak.com